じぶん経済圏

田口智隆

プロローグ

世の中には、
他人がつくった会社に雇われてサラリーを得る人と
自分で築いた仕組みや体得した技能で収入を得る人
の2つのタイプがあります。

多くの人は前者に属しているでしょう。
しかしこれからは、会社のサラリーだけを頼りにして生きるのは
不安であり、ときとして危険です。

まずは、

月3万円。

会社のサラリーではない、
自分の特技やアイデアだけを使って
収入を得てみませんか?
そしてこの3万円で新しい道を切り開くのです。
お金の不安を解消するために。

あなたが持つ力だけでつくった経済的な仕組みを
本書では

じぶん経済圏

と呼びます。
なにを仕事にするかはあなた次第。
自分の能力を生かせる分野でじぶん経済圏をつくり、
そこで最初のお金を生み出してみましょう。

しかし決して、
その3万円を生活費として使ってしまってはいけません。
なぜならそれは、

お金を生み出すためのお金

だからです。
3万円から始めてじぶん経済圏を回し、
そして徐々に大きくしていく。
それが本書がこれからお伝えするプランです。

もちろんじぶん経済圏は、自分が楽しめ、
自分が得意なことを仕事にして運用します。

じぶん時間を確保し、好きなことをして生きる

のが当たり前になる時代がやってきました。
この波に乗りましょう。

本書はあなたの経済的自立を目標にした指南書です。
この本を手に取ったいま、
あなたがすべきことは決まりました。

他人経済圏依存からの脱却

を目指し、楽しみながら自分の好きなことを柱にした
じぶん経済圏づくりを始めましょう。

目次

第1章 「じぶん経済圏」のすすめ

――他人経済圏依存を減らして不安を解消する

目次

第2章 自分の価値を売る「じぶん経済圏」
――モノ、コンテンツ、コミュニティ

目次

第3章 8時間から始める経済圏構築プラン

――コンセプトと名前、ルールを決める

第4章 成功した5人から学ぶこと
——私はこうやって経済圏をつくり上げた

第5章 あなたの未来の芽となる3万円の使い方

――お金を生み出していくお金

第6章 地球に生きるもののすべてが経済圏をつくって生きる

——人間は楽しく生きる動物

第1章

「じぶん経済圏」のすすめ

——他人経済圏依存を減らして不安を解消する

コロナ以前には戻れない!?

▼常に「備え」の連続

「コロナが終息したら、これからの世の中どうなっていきますか?」
「私は今後どうしたらいいのでしょう?」

私のセミナーに参加されている方々からは最近、不安の声や、いまの状況への対処法などについての質問が絶えません。健康や経済的なことや働き方だけでなく、新型コロナウイルスによる漠然とした不安も交じって、ずっと心に暗雲がかかったままの人も多いようです。

それでなくても、コロナウイルスのまん延以前からの景気後退の中で、「この先、私が勤めている会社は大丈夫なのだろうか」「いまの収入を今後も維持できるのだろうか」という先の見えない状況に心がざわついている人も少なくありません。

企業の副業解禁の流れ*1などもあって、別の仕事で副収入を得ることを考え始めているビジネスパーソンが増加中……。そんな折も折、穏やかでない気持ちに追い打ちをかけるようなコロナショックです。

リーマンショック以上といわれる経済危機の予感に加えて、何より自分の健康・安全が脅かされるという状況にあっては、不安になるなというほうが無理な話でしょう。

なかなか出口の見えないコロナ禍に、人々の心の暗雲は広がる一方。この原稿を書いている現在は、コロナまん延から1年近く過ぎてもまだ感染者数の増減が日々繰り返され、先行きが見えません。医療崩壊に対する懸念は依然として残り、感染対策を施したうえでの店舗の営業やイベント開催など、3密に配慮する状況が続いています。

コロナ感染症という疾病の問題は、いつかは終息します。これは、誰でも想像できることです。それがいつになるのかは、神のみぞ知る……。この本が店頭に並ぶころには終息に向かっているのか、あるいはまだ感染拡大が続いているのかはわかりませんが、はっきりいえるのは、感染は必ず終息するということです。ただし、コロナが発生する前の状況には戻せない。コロナが収まりました、ハイッ、元どおりになりました——とはいかないでしょう。

前述したとおり、景気後退の局面に入っていたところへのコロナの追い打ちです。コロナが収まったからといって、いきなり景気回復の局面にもっていくのはとても無理です。働き方や働く人たち、そしてお客さんのマインドを元に戻すのは非常に難しいということは留意しておかなければならないでしょう。以前とは異なり、仕事においても生活においても、常にイレギュラーに起きる出来事に対する「**備え**」を考慮する必要がありそうです。

- **感染症はいつかは終息する**
- **以前の状況には戻らない**
- **イレギュラーに対する「備え」を**

＊1　副業解禁の流れ――厚生労働省は2018年1月、モデル就業規則を改定し、労働者の順守事項の「許可なく他の会社等の業務に従事しないこと」という規定を削除し、副業・兼業について規定を新設した。日本経済新聞社が東証1部上場などの大手企業120社に実施したアンケートによれば、2019年5月の時点で「副業を認めている」と回答した企業は49・6％。

「じぶん経済圏」があれば憂いなし

▼あなた自身がつくる仕組み

いま、多くの人たちが抱えている不安のレベルは、個人によってかなり差があります。眠れなくなるくらい不安度の高い人もいれば、それほどではないけれど、ただ漠然と不安だという人もいるでしょう。

この不安の原因をよく見ると、ウイルス感染そのものよりもむしろ、いま起きている時代や社会の変化、そんな中で自分はずっと食べていけるのかという不安……、基本的にはお金の問題なのではないでしょうか。感染症にはかからなかったとしても、この先ちゃんと生活していけるのかという懸念が、いちばん根本的な原因だと感じています。

発端はもちろん新型コロナなのですが、この感染症が引き起こした不穏な雰囲気の中で、メンタルは低下。仕事が減ったり、やり方が変わったり、収入が変わったり。中には、収入がほとんどゼロになったという人もいるでしょう。

今は何とか耐えているけれど、いつ減収になるかもしれないし、ちゃんとやっていけるのだろうか、現在の暮らしを続けていくことができるのだろうか、というのが不安の大きな核になっているようです。

これは逆にいえば、安定した収入を得る方策がしっかり固まっていれば生活を続けるうえでの不安はないということです。不安な気持ちになったとしても、前述した不安レベルはかなり低いといえるのではないでしょうか。

不測の事態や想定外の状況に直面したとき、心も収入もどこまでグラグラしてしまうか。その揺れの度合いは、この方策次第といえます。

いまのあなたの揺れ具合はどうでしょうか？

今回は不測も不測、未曽有の緊急事態だけに、グラグラと大きく揺れている人も多いことでしょう。

こんなときだからこそ、何があってもグラグラすることがないように、自分の生活の土台、経済の基盤を見直し、盤石にしておく必要があります。なかなか副業を始められなかった人も、安定収入を得るための第一歩を踏み出すときかもしれません。

副業といっても、会社の休日や仕事帰りにバイトをする……という類いのものではなく、自分の強みを生かして、自力で稼ぐチャンスをつくり出すということ。生活や経済の基盤を固めるために、自分自身の個人的な経済の仕組みをつくって、固定的な収入を得ることにチャレンジするのです。

あなたが主体となって回していく、この仕組みこそが「**じぶん経済圏**」です。ふだん働いている会社（他者がつくった経済圏）とは別に、自分で考え、発信し、動いてお金を生む、**あなた自身の仕組み**を構築するのです（図1）。

「じぶん経済圏」では、SNSなどを活用して自分がつくったモノや自分の強みを生かしたコンテンツ、自分や他の人たちの強みが交わる場などを提供することで対価を得て、運用していきます。

副業でアルバイトをするというのは、雇われる以上は会社勤めと同様、他者依存の**「他人経済圏」**から出ることではありません。他人経済圏の中だけで働いていると、想定外のことが起きたときに対応できません。また、会社はどうなるのか、収入は減らないか、リストラされないか……などなど、不安のタネが常につ

図1 じぶん経済圏と他人経済圏

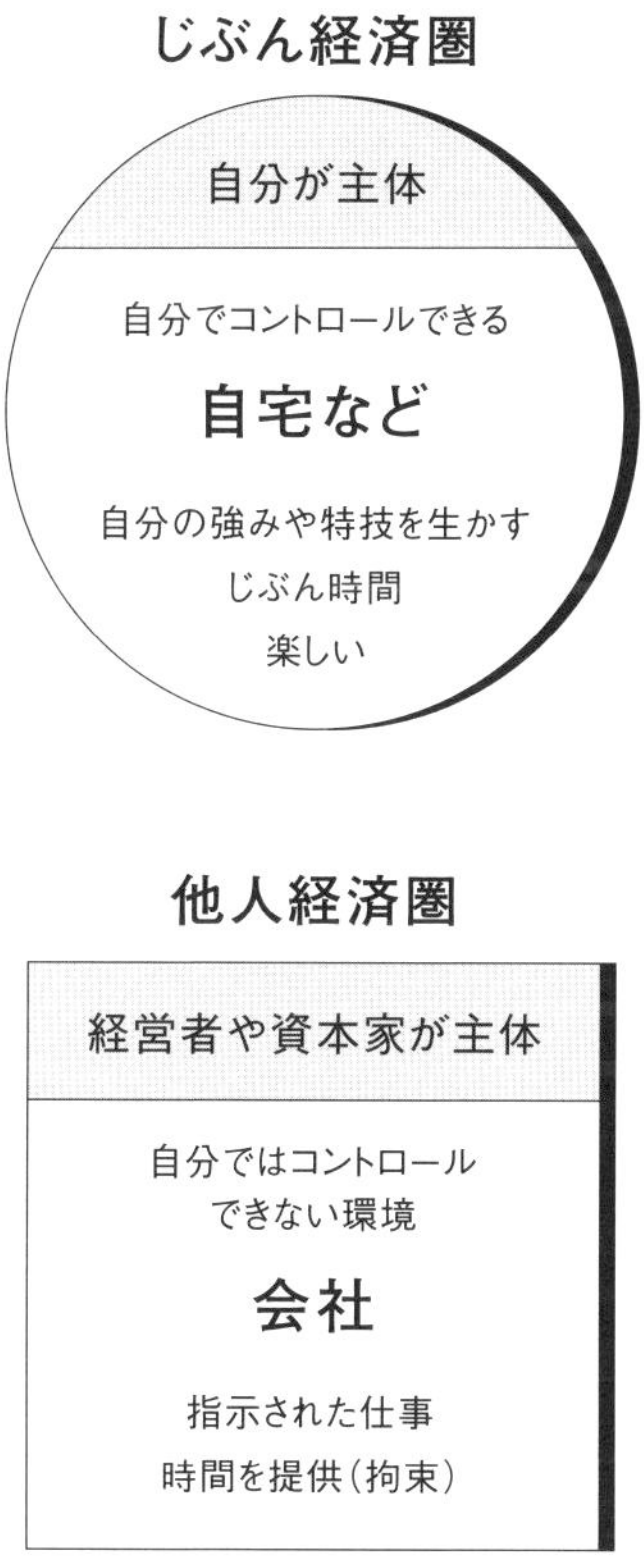

きまといます。なぜなら、そこは**自分ではコントロールできない環境**だからです。自分ではどうにもならないからこそ、グラグラと揺れてしまうのです。

その点、自分がコントロールする「じぶん経済圏」を構築して、自分自身のセーフティーネットを設けてあれば、社会状況が多少変わったとしても怖がることはありません。自分の人生をコントロールできる範囲が大きければ、それだけ不安も少なくてすむのです。

不測の事態が起きても自分で補償、補填していける、〝**ひとりベーシックインカム**[*2]〟を目指しましょう。

- **あなたが主体となって回していく仕組みが「じぶん経済圏」**
- **会社などの他者の仕組みは「他人経済圏」。コントロール不可**
- **「じぶん経済圏」は自分でコントロールできる**
- **「ひとりベーシックインカム」を目指そう**

＊2　ベーシックインカム——最低限所得保障の一種で、政府がすべての国民に対して無条件で一定額の現金を定期的に支給するという政策。

そもそも経済圏とは？

▼独立性をもって営む

ところで、そもそも「経済圏」とはどういったものでしょうか。ここでいちどおさらいをしたいと思います。

辞書で「経済圏」を調べると、「経済活動が一定の独立性をもって営まれる地理的範囲」（スーパー大辞林・三省堂刊）と書かれてあります。地理的範囲という概念を現代のインターネット空間まで広げて解釈するとして、やはりここでは「一定の独立性をもって営まれる」という点が重要です。さまざまな経済活動を行うにせよ、それを他者の経済活動に依存しない独立性をもって営むということです。

また、近年経済圏と同じような意味で多く使われている「エコシステム」にも共通する点があります。エコシステムは本来、生物の生態系の循環を意味する言葉ですが、経済的な協調や循環の関係において、じぶん経済圏もまたエコシステムといえるでしょう。協調や循環の関係については、後述します。

経済圏やエコシステムには共存共栄の概念も含まれています。じぶん経済圏においても、自分を含め、そこに関わる人たちが搾取したり、されることなく、自立しながら互いに利益を得ることが理想です。

・経済圏は、「経済活動が一定の独立性をもって営まれる地理的範囲」のこと
・じぶん経済圏はエコシステム指向
・じぶん経済圏は共存共栄

勝者総取りの時代

▼生き延びるには「考えること」「勉強すること」

国家よりも力を持つ存在が、世界中で事業を展開するいわゆるグローバル企業です。アップルやアマゾンの時価総額は9000億ドルを超え、グローバル企業の価値は多くの国の国家予算を上回っています。以前は1つのジャンルにいくつもの企業が連なり、互いに競争しながらも共存していました。しかし、いまは1つのジャンルで1社の巨大企業のみが断トツの売り上げを上げ、独走するかたちになっています。さらにはジャンルの壁を越え、さまざまな事業をのみ込んでいます。現在は勝者総取りの時代といえるでしょう。

これはほぼどのジャンルでもいえることです。1ジャンル1社とまではいわないにしても、生き残れるのはせいぜい2、3社といわれ、当然、富の分配は偏ってきます。そのうえ国内の非正規労働者数（2165万人）は総雇用者数

（5660万人）の半分に迫る勢いで増えています（2019年・総務省統計局調べ）。非正社員・正社員の賃金差は年収ベースでおよそ2・8倍になります。

このような厳しい状況で個人が暮らしていくにはどうすればいいのでしょうか。日々、他人経済圏の仕事に追われているばかりでは、結局この先なにも変わりません。まずは一日のうちで少しでもいいので自分の時間を確保し、立ち止まってよく考えることです。いま世の中がどのような力関係で動いているのか、政治はどうなっているのか、ほかの国の状況はどうなのか。

外から自分を客観的に見たり、外の世界を知ることがじぶん経済圏をつくるうえではとても大切になります。なぜなら、あなたの思考は長い間、他人経済圏の影響を強く受けてしまっているからです。

外国に旅行に行って帰国すると、一瞬ですが日本を客観的に見られるようになります。普段気がつかなかった日本の良いところと悪いところがわかるのです（しかし、半年もすると忘れてしまいますが）。それと同じです。世の中を外側から捉えて考えることが重要です。

そして、どんな方法でもいいので、調べる癖をつけ、本を読んだりして、新しい考え方や新しい動きを探してほしいと思います。ただし、インターネットやテレビを含め、現在は実にさまざまな意見がありますが、偏った発言も多く見受けられます。いまの社会をなるべくニュートラルに把握し、私たちの立場に立って希望がもてる方策を提案している人を見つけましょう。あなたが学ぶべきものを示してくれる人が必ずいるはずです。

国内だけではなく、日本から離れて外国で生活している日本人からの意見も参考になり、視野を広げてくれます。危機の時代における社会の変化はなおさら激しいので、じぶん経済圏が出来上がってからも勉強は続けたほうがいいでしょう。

- **現在は「勝者総取り」の時代**
- **自分の状況を変えるには、まずは時間を確保すること**
- **立ち止まってよく考える**

正しい情報にアクセスする

▼3つのチェックポイント

前節でお話ししたとおり、現在はマスコミから個人までがさまざまなかたちで情報を発信しています。テレビ、Web、LINE、ツイッター、フェイスブック、ブログ、各種の紙媒体、ラジオなど、以前にくらべてメディアもかなり増えました。セミナーや講演会も毎日たくさん開催されています。

この状況において最も重要なことは明らかです。当たり前ですが、それは正しい情報にアクセスすること。この一点に尽きます。しかし、日々膨大な情報が飛び交ういま、これがそう簡単ではないことは多くの人が自覚しているでしょう。

危機の時代だからこそ、正しい情報にたどり着くことが、安全を確保しながら、自分が歩む道を確かなものにします。間違った情報を得れば、自分や家族を危険にさらすことにもなるでしょう。詐欺に遭ったり、大きな損をする可能性が高くなります。「だれでも」「簡単」「すぐ」などというワードが出ていたら、要注意です。

では、正しい情報をどう判断するのか。あらかじめお伝えすると、100パーセント確実に正しい情報にアクセスできる保証はありません。結局は手探りになりますが、私は次のことを判断基準にするのをお勧めしています。

一つは、その情報が長く存在していること。正しい情報であれば、継続して伝わっているはずです。公にされていない情報であっても、すぐに消えたりしません。

もう一つは法律的に正しいかどうかのチェックです。詐欺的な商品やサービスはこの世からなくなることはないでしょう。しかし、それらは法律と照らし合わせればアウトです。法律に詳しくない私たちは、法の専門家に聞くしかありませんが、自分の進退を左右するかもしれない情報に出合った場合、それが法的に正しいかどうかを確認することは重要だと思います。

最後に、その情報を基にしてどれだけの人が結果を出しているかということです。1000人が試みて5人なのか、500人なのか。多くの人が成果を得たということであれば、その情報の信頼性は高いといえるでしょう。

判断基準とは別の話になりますが、正しい情報の真偽を探るために、一次情報源に直接聞くということがあります。ネットで検索するのではなく、その大本の人に確認することが重要です。ネットの検索では、プラス、マイナス両方の話が拾えます。しかし、それを基に判断するのはとても難しく、結局迷ってしまいます。可能であれば、大本の人の話を聞いたうえで判断するのがいいでしょう。その情報が信用に値すると思えば、それを基に実行します。

じぶん経済圏の構築に際しては、正しい情報を取得することが重要になります。次に、それを基にした実践と行動力が必要です。いくら正しい情報を得ても、実践し、行動しなければ、将来不安は払しょくできません。そして、実践を継続することです。これらについては、このあと詳しくお話ししていきます。

- **正しい情報にアクセスすること**
- **実践、行動すること**
- **継続すること**

いま変わらなければ、変われない

▼大きなチャンスが到来している

副業を解禁する企業が増えて、いまや副業時代の到来などといわれています。いつまでいまの収入や生活が続くのかはわからず不安だし、副業には興味がある。でも、なかなかそこに踏み出す勇気がなく、会社の仕事との両立も心配……などと二の足を踏んでいる人も少なくないでしょう。

「じぶん経済圏があれば憂いなし」の節で触れたようなじぶん経済圏の中なら、自分がコントロールしていくものですから、会社の仕事に支障がないような無理のない範囲で収入を得ることができます。また、心身の負担を感じないように仕事量や時間を調整していくことも可能です。

副業といっても、例えば居酒屋でバイトするなどというのは、会社勤めと同様に他人経済圏ですし、**株などの投資も、他者依存で自分ではコントロールできない**ことですから、じぶん経済圏とはいえません。

本書では、まずは**月３万円**を生み出すことから、じぶん経済圏づくりを始めていきます。これくらいなら、いままで躊躇《ちゅうちょ》していたあなたにも、できそうな気がしてきませんか。

中には、まだまだコロナショックから、メンタル面も経済面も回復できていないという人もいるかもしれません。

でも、いまこそ変わるときです。このコロナ禍の状況で変わらなかったら、一体いつ変わるというのでしょうか。かつてない、こんな大きな変化のきっかけがあるというのに、変わらないというなら、あなたは一生変われないかもしれません。次に変わるタイミングなどはもう当分は来ないはずです。現在、そのくらい**大きなチャンスが到来している**ということに気づいてください。

パソコンやスマホなどが出たときのようなテクノロジーによる進化、革新といったものではなく、新型コロナウイルス感染という、これまでになかった劇的な危機は一方で社会を変える大きなきっかけになります。大勢の人が亡くなったのはとても残念でつらい出来事ですが、マクロ的に見た場合、大変革の時期が来たことは間違いありません。

この大きな変革をきっかけに、これから世界のいろいろな流れが変わってくるでしょう。いわゆるパラダイムシフトが起きると思います。

変化そのものは、人によってあるいは仕事や事業内容によって、規模の大小はあります。これまで本をほとんど読まなかった人が一冊の本を手に取り、それによって自分としっかり向き合い、考えるようになったのなら、その人にとっては大きな変化といえるでしょう。

私のような著者にとっては、例えば、この状況においてご縁があってこの本を読んでいただいたとすれば、コロナ以前には出会わなかった読者とつながったことになり、とても大きな変化です。

リアルビジネスにおいては、例えば、私がよく行く大阪の小料理屋は、コロナの影響で予約のキャンセルが相次ぎ、客足も減って、ご多分に洩れず厳しい状態が続いています。これを機に、職人かたぎのその店の大将は、いままでなら考えが及ばなかった宅配のランチを始めたそうです。変化することで、何とか危機を乗り越えようとしています。最近急速に利用者が増えている「Uber Eats」などの宅配代理業務はそのようなかたちで発展した事業の一つです。

また、別の飲み屋では、終息したら使ってもらえる飲み放題チケットを売り出して現金を受け取り、客は終息したときの楽しみと希望を得るという生き残り戦略を取り始めました。もちろん、客との信頼関係があってこその取り組みといえますが、じぶん経済圏にもつながる話だと思います。

小さな個人商店のリアルビジネスでも、じぶん経済圏でも、不測の事態が起きたときほど、自分自身の変化や工夫と、着々と築き上げてきた顧客や関わりのある人々との信頼関係がものをいうのではないでしょうか。

こんなときだからこそ、あなた自身も変化を遂げてみませんか。その第一歩は、じぶん経済圏で3万円を得ることから始めてみましょう。

- **株式投資も他人経済圏**
- **月3万円を生み出すところからじぶん経済圏づくりを始める**
- **コロナショックは大きなチャンス**
- **劇的な危機は一方で社会を変える大きなきっかけになる**

自分の世界観を持つ

▼新しい経済圏をつくるチャンス

いまのように不安が多いときには、お金でも仕事でも、自分でコントロールできる範囲を、できるだけさまざまな分野で広げておきましょう。それが、この事態を乗り切るいちばん有効な手段です。

そのためにはまず、この先を冷静に読むこと、そして**自分の世界観**を持つことが欠かせません。

例えば、2020年4月の緊急事態宣言による外出自粛の際、Zoom飲み会がパッと広まりました。似たようなことを考える人はたくさんいますが、自分の得意分野なら、先を読んだアイデア、特にユニークなやり方を発想してファシリテート*3するのもよいでしょう。同じようなサービスはいろいろあるでしょうが、じぶん経済圏の中でそれをどのようにしてつくっていくか。「あそこの飲み会、盛り上がるよね」などと、参加した人の満足度を高め、さらに経済圏を広げるには、運営そのものを考えることと同時に、自分の世界観や価値観がとても重要です。そういう世界観はじぶん経済圏に反映されますし、人を集めることにダイレクトにつながっていきます。

私の世界観なんて商売になるの？　そう思う人もいるでしょうが、あなたがもつ独自の世界観が好きな人はいるものです。Ｚｏｏｍ飲み会など、いまや誰でもやっているからダメというのではなく、ユニークなものができればそこに活路はあります。あなたが日ごろこだわっていること、持ち続けているアイデア、会社の仕事の中で自分なりにアレンジし、発展させられそうなこと。そのような気づきの中にチャンスがあるはずです。その気づきに目を向け、熟成させてみましょう。

危機に直面しているとき、不安が大きいときほど、人はつながりを求め、団結を生みやすくなります。そうしなければ乗り越えられないほど、厳しい状況に陥っているということです。いまはピンチかもしれませんが、新しい「経済圏」をつくっていく下地となる環境が醸成されていく時期なのではないでしょうか。この大きなピンチをチャンスに変えていきましょう！

・自分の世界観を持つ
・危機に直面しているときほど、人はつながりを求める
・新しい経済圏をつくるチャンス

＊3　ファシリテート——人々の活動が円滑に行えるよう、合意形成や相互理解をサポートすることで組織や参加者の活性化と協働を支援し、促進するリーダー的な能力の一つ。その役割を担う人を「ファシリテーター（facilitator）」と呼び、会議でいえば進行役にあたる。

不要不急の支出はいますぐやめる

▼自分にとって本当に必要なものとは？

不測の事態の中、特にお金の面で生き抜くという点では、生活コスト（固定費）を徹底的に絞ることが重要です。これが小さく抑えられていればいるほど、不安のレベルは低くなります。

ムダが少ない人ほど不安は小さく、抱えているものが多い人ほど不安は大きくなります。大切なのは、安定収入を得ながら**ミニマム・ライフコスト**＊4を把握し、維持しておくこと。そうしないと、じぶん経済圏をいくら大きくしても、その手ごたえは得られにくいかもしれません。

現在、不安で仕方のない人は、以前にはもう戻れないということを踏まえたうえで、いまできること、**すぐやらなければいけないこと**を実行しましょう。

すぐにやるべきは、それこそ**不要不急の支出はやめること**です。よく見直していくと、食費は生きるために必要ですが、それ以外では必要な支出というものは意外に少なく、ほとんど使わずにすんだお金だということがわかってきます。惰性で毎月払い続けている費用や利用することが少ないネットサービスの支払い、あるいは不要な買い物などをすべてストップしましょう。

この断捨離を実行すると余分が削ぎ落とされて、**自分にとって本当に必要なもの**が見えてきます。自分は何に優先的にお金を使っているのか。あるいは、これだけは続けなければならないもの、他人からは不要不急に見えても自分には絶対必要というものがあります。それはその人の価値観であり、考え方ですから、じぶん経済圏をつくるのにとても役に立ちます。

自分が大切にしている物事が、より鮮明に浮かび上がってきたとき、この先やらなければならないことが見えてくるはずです。これは前述した世界観につながっていくものです。

これまで、他人経済圏の仕事に時間を取られておろそかにしていた宿題に取りかかる時がやってきました。

・不測の事態においては、生活コスト（固定費）を徹底的に絞ること
・ミニマム・ライフコストを把握する
・不要不急の支出はやめる

＊4　ミニマム・ライフコスト――自分や家族が健全に生活するために必要となる最低限の費用。

第2章

自分の価値を売る「じぶん経済圏」

——モノ、コンテンツ、コミュニティ

月3万円を生むことから始める

▼90日のミニマム・ゴールを設定

じぶん経済圏をつくりたい——そう思ったあなたは、来月からとか、次の休暇からなどといわずにさっそく始めましょう。

まずはじぶん経済圏をつくって、そこで月3万円を得ることを目標にします。では、この3万円とはなにか？　これはいわば種火です。じぶん経済圏という枠組みの中心でつけた火のようなものと捉えてください。あなたがやりたい好きなことを実行するために働くお金です。

経済圏の基盤づくりの期間は**90日間程度**をみておくとよいでしょう(表1)。期限を設定するのは、何となく延ばし延ばしになって、ゴールが遠のいてしまうことを避けるためです。

「月3万円くらい稼いでも、とても不安解消にはならない」という声も聞こえてきそうですね。でも、これで悠々自適な生活を、などと言うつもりはありませんし、3万円でひと月暮らしていこう、などと勧める気もありません。

もちろん「自分はやれる！」という人なら、目標は月10万円でも、30万円でもかまいません。また期限は30日間でも50日間でもOKです。ただし、土台のないところから経済圏をつくっていくのですから、最初は、**ミニマム・ゴール**を設定して取り掛かるのがよいのではないでしょうか。

そうでないと、せっかく始めたにもかかわらず、イメージばかりが大きすぎてギャップが埋められずに早々に投げ出してしまう、ということにもなりかねません。それはもったいないことです。

そして月3万円のゴールとした場合、初めての人が基盤をつくるのに、90日間くらいは必要だろうというのが私の見解です。

とにかく、まずは「やろう」という気持ちをそのまま行動に移して、実際に自分の経済圏をつくってみる、ということが大事です。〝経済圏をつくった〟という体験、そして〝そこで3万円を得た〟という実感があれば、次の行動へつなげられるのです。

3万円のミニマム・ゴールなら、意外に短い期間で到達できるかもしれません。しかしこのとき、焦る必要はまったくありません。たとえば、3万円の値段をつけて売り出した品物に、お客さんから「2万円にまけてほしい」と交渉されたら、赤字にならないかぎり素直に応じましょう。最初はそのくらいのスタンスでかまいません。経済圏はまだ始まったばかりです。その人が最初のお客さんになってくれるかもしれません。金額や利益にこだわりすぎると、きっかけを逃し、うまく回らなくなることもあります。まずはじぶん経済を回すことを優先しましょう。目標を達成できたら、次のゴールをつくって行動します。こうして、ゴールに到達していくプロセスの中で、次のアイデアも出てくるはずです。

次のゴール、さらにその次……とゴールを重ねるにつれて、気持ちもどんどん高まっていきます。そして、経済圏は少しずつ大きくなっていくでしょう。

どんなに大きな会社でも、いろいろな実績を残されている方でも、ほとんどが最初は小さなゴールから始まっているはずです。千里の道も一歩から。小さなゴールの積み重ねが重要なのです。

確かに、3万円では不安解消には十分とはいえないでしょうが、いまは他人経

表1 90日間のスケジュール

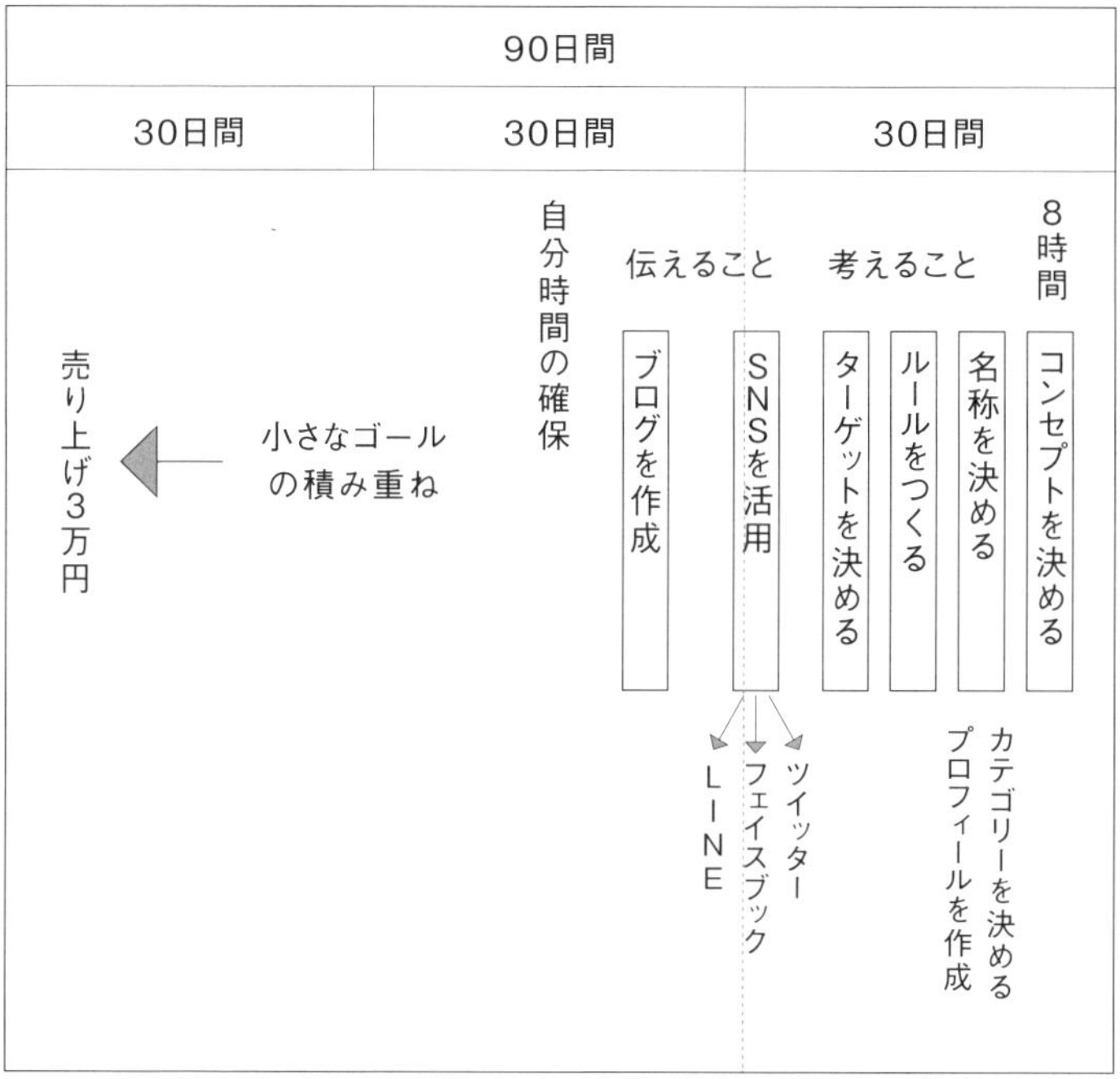
90日間
30日間
30日間
30日間
8時間
コンセプトを決める
名称を決める
ルールをつくる
ターゲットを決める
考えること
カテゴリーを決める
プロフィールを作成
伝えること
SNSを活用
ツイッター
フェイスブック
LINE
ブログを作成
自分時間の確保
小さなゴールの積み重ね
売り上げ3万円

済圏の中だけで得ている収入を、じぶん経済圏で得るという体験はとても貴重なことです。他人経済圏だけで活動してきた人にとっては、非常に大きな一歩だと思います。

- **基盤づくりの期間は90日間程度**
- **最初はミニマム・ゴールを設定して取り掛かる**
- **まずはじぶん経済圏で収入を得る体験を**
- **金額にこだわらず、回すこと**

自分の価値でお金を生み出す

▼自分がやりたいこと、好きなこと、得意なこと

皆さんの中には、すでにネットショップに登録してモノを販売し、小遣い稼ぎをした、というような経験がある人もいるのではないでしょうか。

サラリー以外の収入を得るということでは、それも一つの方法ではあるのですが、単なる小遣い稼ぎと、自分の経済圏をつくるという意識を持って稼ぐこととはまったく異なります。特に、既存のポータルサイトやフリマアプリを使ってモノをただ売っているだけなら、他人の経済圏で行動しているのと変わらないかもしれません。

無意識に稼いだ小遣いは、生活費と一緒になってしまったり、つい予定外のものを買ってしまったりと、いつのまにか消えてなくなってしまいがちです。少なくとも将来のため、新しい価値を生み出すために使われるということは、ほとん

どないでしょう。

そのような小遣い稼ぎとは違って、お金を得るための**仕組み**を構築しながら、その中で、**自分が持つ強みや自分が生み出せる「価値」をお金に換えていく**のです。自分ですべてつくり上げ、回していくじぶん経済圏を持つことは、とても意義のあることだと思います。

会社勤めの人なら、月々のサラリーという形でお金を受け取るわけですが、じぶん経済圏では、経済圏の仕組みを自分でつくり、自分ができることやつくれる物、得意なことを提供して相手から直接対価を得るのです。

対価として支払われるものでわかりやすいのはお金ですね。提供するサービスやスキルなどに見合った金額が支払われることが大切です。

また、お金ではなく、こちらが提供したものに対して、相手が提供するサービスやスキルなどで支払われる場合もあります。いわゆる物々交換の形になるわけです。これができれば、お金そのものを他人経済圏から持ってこなくてもやっていけることになります。

ただし、これも基本は等価交換なのですが、それぞれの価値の判断は難しいといわざるを得ないでしょう。例えば、整体師さんの30分の施術と、カフェのコーヒー1杯が等価かどうかは迷ってしまいますね。お金が介在することで、価値を数字に換算して交換するほうが納得しやすいでしょう。

じぶん経済圏の中では、自分がつくったモノやスキルをはじめ、自分の強みがつくり出した価値を等価交換してお金を生み出します。

自分の価値をお金にするやり方としては、ざっくりいうと、

①モノをつくって売ること
②自分のコンテンツを提供すること
③コミュニティのような場をつくること

の3つがあります（図2）。このうちのどれか1つで、という人もいるでしょうし、あるいは3つ全部を一体化させて……という人もいるかもしれません。

何を基盤にして経済圏の仕組みをつくっていくかは、自分がやりたいこと、好きなこと、得意なことなどから考えてプランを練ればよいでしょう。

図2 じぶん経済圏の3つのカテゴリー

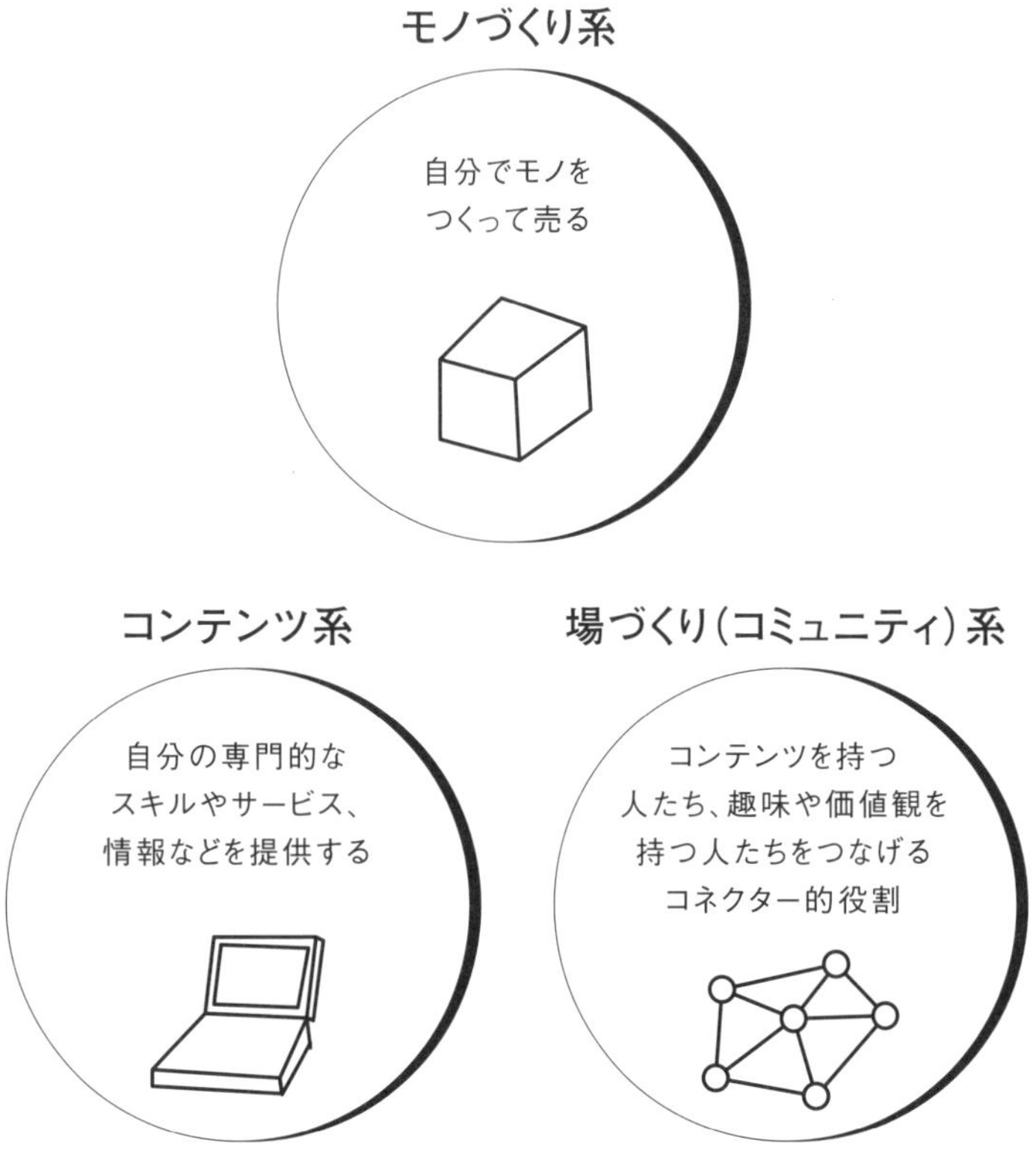
モノづくり系
自分でモノを
つくって売る
コンテンツ系
自分の専門的な
スキルやサービス、
情報などを提供する
場づくり（コミュニティ）系
コンテンツを持つ
人たち、趣味や価値観を
持つ人たちをつなげる
コネクター的役割

私のオンラインサロン*5の参加者に、ナイトハイク（夜間に登山すること）がすごく好きなＡさんがいて、これに関する情報をずっと発信し続けています。夜の登山は非常に危険なのだけれど、頂上から見える夜景がそれはそれは美しい……らしいのです。

Ａさんは商売にはしていないようですが、例えばこれをコンテンツ化してツアーなども企画できますし、ハイクに行くには特別な道具も必要なので、そういうギアやグッズの紹介、あるいは販売だって十分考えられます。モノでも、コンテンツでも、場でも、なんでもイケそうですよね。

自分の好きなものを考える、語ってみる、発信する……、それはとても楽しい時間です。本当に自分にできるのだろうかとまだ迷っている人も、**これならやっていけそう**というものが必ずあるはずです。自分が好きな物事があり、それに真剣に向き合えるのであればそれはきっと続けられます。なにを差し置いても、**好きこそがモチベーションのいちばん強い源**です。

また、これまであまり意識せずに自分が好きな物事でなんとなくお小遣い稼ぎをしていたという人なら、これを機会にもっと計画的に基盤づくりからしっかりとやってみてはいかがでしょうか。

・自分が持つ強みや自分が生み出せる「価値」をお金に換えていく
・自分の価値をお金にするやり方は「モノを売る」「自分のコンテンツを提供する」「コミュニティのような場をつくる」
・自分がやりたいこと、好きなこと、得意なことから考える

＊5　オンラインサロン――Web上で提供される月額会員制のクローズドなコミュニティ。キングコングの西野亮廣氏など、有名人のオンラインサロンが注目を集めた。

お金を受け取ることをどう考えるか

▼メンタルブロックを外す

これまで、会社員としてサラリーを受け取ってきた経験しかない人にとって、じぶん経済圏でお客さんから直接お金を受け取るという行為は、けっこうハードルが高く感じられるのではないでしょうか。

実は、私自身も昔からじぶん経済圏でお金を受け取るというのが上手な人間ではありません。どうしてもなんらかの抵抗を感じてしまいます。

会社員という立場ならば、お客さんが支払ったお金はいったん会社に入り、その後、会社からサラリーという形で間接的に受け取るわけですね。

当然ながら、仕事を頑張ったという自負と、それに対する正当な報酬なのだという気持ちはあると思いますが、それでも会社が間に入っているおかげで、お客さんが支払ったお金をいただいているという感覚は弱い。お金に対する抵抗感はかなり薄れているのではないでしょうか。

会社員であれば、「給料をこんなにもらって申し訳ない」などと恐縮して受け取っている人はほとんどいないと思います。もらって当然、とまでは言わないにしても、1カ月の働きに対する正当な対価として抵抗なく受け取っているはずです。

ところが、じぶん経済圏の場合となると、意識はまったく違ってきます。

自分が提供したサービスについて、お客さんからじかにお金を受け取ることが基本になる。そのような状況では、例えば、価格の設定に関してもかなり迷ってしまうものです。特に、最初のうちは自信がないこともありますが、実際の価値、正当な対価よりもかなり安い価格を設定してしまうという傾向があります。自分の創出したものの価値がきちんとあるにもかかわらず、それよりもちょっと低く見てしまうというのは、経験が浅いために価値を客観的に把握できないことと同時に、お金を受け取ることに対しての抵抗感の表れといえるでしょう。

この、お金をもらうことへの心のブレーキ、「**お金のメンタルブロック**」を外していかないと、じぶん経済圏をつくることでサラリー以外の収入源を確保し、将来への不安を解消し、生活レベルを上げるプランはなかなか前に進まないのではないかと思います。

特に、じぶん経済圏を構築すること自体を目的化する場合や、経済圏の中での人とのつながりなど、お金以外の要素を重視している場合は、このブロックを外すのは容易ではないでしょう。

じぶん経済圏をつくっていくときに、最初にお金を受け取る相手というのは、ほとんどの場合これまでにご縁があった方になるはずです。少なくとも、自分となにかしらのつながりがあり、応援してくれる方がいちばん最初のお客さんになるというのが、じぶん経済圏はもちろん、他のビジネスにおいても多いでしょう。

そのようなつながりの深い方たちに対しては、「最初だから無償でいいですよ！」などとメンタルブロックが全開になりがちです。知り合いからお金をいただくのはなんだか申し訳ない、と思ってしまうのが人情でしょうし、ある程度の見栄やカッコつけもあります。

しかし、その意識は捨ててください。なぜかといえば、このいちばん最初に売れる経験、そして最初の収入はあなたにとって非常に大事なものになるからです。たとえるなら、ロケットのエンジン点火と同じといえるでしょう。知り合いだからこそ、まずはそれに乗じて対価をいただく経験を得るのです。

とはいえ、知り合いであれば、相手はご祝儀のような気持ちも半分あるでしょう。ですので、いきなりメンタルブロックを全部外すのではなく、設定している価格よりも低く提供するというのも有効です。このとき、値引きしても必ずお金を受け取ることが大切です。お金は受け取るけれど、安く提供することでブロックが外れやすくなるのではないでしょうか。

あるいは、もし、まったくの他人が「あなたの商品を買いたい、けれど、少し安くしてほしい」と要求してきたら、最初のお客さんを獲得することを優先し、要求を受け入れて値引きしてもいいでしょう。まずはお金をいただくこと、実績をスタートさせることが重要です。

ただしその代わり、条件をつけます。

まだ始めたばかりなので、とにかく商品を使ってみていただきたい、ぜひサービスを体験していただきたい。知り合いでもあるし（最初のお客さんでもあるし）、価格は安くするので、その代わりに感想や評価（価格設定を含め）、意見をきちんと言っていただくのです。場合によっては、その感想を、今後つくるチラシやWebサイトなどにお客さんの声やレビューとして掲載させてもらう――そのような形にしましょう。

その後の運用においても、価格を下げることに関しては、必ず理由付けをすることです。それがないと、自分で決めた正規の価格も有名無実になってしまいます。また、場合によっては不公平、不明瞭なイメージも与えかねません。

このようにして、つながりのある人に声をかけ、商品や提供するサービスがいいと思ってもらえれば、お客さんになっていただけたり、その方の知り合いにも声をかけていただけたりする可能性が高くなります。

その場合も、Aさんのご紹介だから割引価格で提供するということで、Aさんの顔が立ちます。また、売り上げの一部をAさんにバックするというのもありでしょう。できれば、赤字にならない範囲でです。

たとえ、売り上げが予算に達しなかったとしても、そのつながりが、後に経済圏が成長していく礎を固めてくれることになるかもしれないのです。

じぶん経済圏をゼロから始めて、あまり大きなお金をかけずにやっていこうとするのであれば、以上のような考え方が必要なのではないでしょうか。それがじぶん経済圏ならではの強みだと思います。

初めから自力でお客さんを集めていくというのは非常に難しいものです。だからといって、広告宣伝を打ったとしても、そううまくいくものではありません。最初にサービスを使っていただきたいお客さんを集める発想としては、つながりのある方たちに直接声をかけるのがいちばん効果が大きい。最初のお客さんは非常に大事です。その方たちによるコミュニティのようなつながりをつくる。そうして、その輪を端緒にして少しずつお客さんを増やしていく。信用の輪は想像以上に強いものがあります。

もし、広告などでたくさんの人を一気に集客できたとしても、コミュニティをつくる経験がないのであれば、そのあとが続かなくなる可能性が大きいと思います。

初めから金額にこだわるよりは、安くすることで得られる人とのつながりや、お金を受け取る経験を積めることが、長期的な戦略の初動としては有効です。モニターであっても、喜びの声を聞くことができたり、感謝されたりすることのほうが、正規の金額をいただくよりも、あなたにとって価値があるでしょう。

経済圏は、まずは少ない人数で始めましょう。じぶん経済圏に賛同いただける方（メンバー）からお金をいただく。そしてその信頼をベースにして、徐々に広げていく。そうすることで、お金に対する抵抗も徐々に和らぎ、代金を受け取るということも自然な行為になっていきます。

余談ですが、知人であっても無償にしないほうがいい理由はもう一つあります。それは、商品やサービスを無償で提供するというこちらの特別な気持ちと、相手の受け止め方はズレていることが多いからです。こちらが特別に思っていても、相手はそれほど特別感を感じていません。むしろ、受け取ってやっている、くらいの気持ちのほうが強い場合もあります。その意識のズレは、なにかの拍子に感情的なぶつかりに変化してしまう危険があります。「タダより高いものはない」は提供する側にも言えることなのです。

・まずはお金をもらう経験を得ることが最優先
・知人や友人が最初のお客さんになる
・値引きする場合は条件づけをする
・友人や知人であっても無償は避ける

他人経済圏で生きるリスク

▼収入の手段が一つしかない問題

会社勤めの人は、他人経済圏の中で収入を得て、その中で消費も蓄えも行っています。このような他者依存の生き方は、ある意味とてもラクといえばラクかもしれません。社内の人間関係のたいへんさはあるにせよ、ちゃんと仕事さえしていれば、毎月サラリーが自動的に入ってきますし、福利厚生もあれば、昇給や賞与も期待できるでしょう。

ただし、それは何も問題がないときのこと。何かコトが起こったときには、リストラの不安もあれば、収入減の可能性もあるし、会社自体が存続できなくなる事態も否めないわけです。その怖さは、今回のコロナショックで身に染みていることと思います。

何より、収入の手段が一つしかない、しかも自分ではコントロールできないというのは、たいへん危険です。何かあったときには、自分ではどうすることもできないわけですし、唯一の収入源が途絶えるようなことがあれば早晩行き詰まり、それこそ死活問題です。

このリスクを減らしていくには、他人経済圏にいながら、つまり会社からサラリーを受け取りながら、じぶん経済圏で収入を得られるようにしておくことです。

もっとも、私がじぶん経済圏を推している理由は、非常時に備えるためということもありますが、実はそれだけではありません。何より、**自分の経済圏のほうが楽しい**ということなのです。

あなたはいまの会社勤めを送る毎日は楽しいですか?

多分、楽しくはないけれど、お金のために仕方がないから会社に行っている、という人が多いのではないでしょうか。

先ほどサラリーマンはラクと書きましたが、考えてみれば「社畜」という言葉もあるように、非常に厳しい環境で働かざるを得ない人もいることでしょう。楽しくないうえに厳しくつらい思いをしているとしたら、いつか自分が破綻してしまわないとも限りません。心身の健康だって損なわれるかもしれません。

「サラリーマンって最高!」「いまの会社、メッチャいい」というように、現状に満足している人でもない限り、ほとんどの方はじぶん経済圏を持つことで、日ごろ「つまらない」「つらい」と感じていることが解消できてくるはずです。

働き方はいままでどおり他人経済圏の中で会社員のまま、その中でじぶん経済圏を持つことにより、見える景色が違ってきます。そこでは自分ですべてを考え、**行動を起こす**。つまり、実践すること。うまく成果が上がれば、面白さは倍増します。

自分の経済圏がそれなりの大きさになってきたら、会社勤めを無理に続けなくてもかまわない。いつかは他人経済圏はなくなって、じぶん経済圏だけになる日がくるかもしれません。それも一つの目標となり得ます。

また、最終的には完全に〝**仕組み化**〟して、自分ができないことは経済圏の中の誰かできる人に任せる、というのもいいでしょう。自分ができることはきちんとやって、できないことはだれかに任せる。そのほうがじぶん経済圏は、しっかり機能していくと思います。

・**収入の手段が一つしかないのは危険**
・**会社からサラリーを受け取りながらじぶん経済圏で収入を得る**
・**自分の経済圏のほうが楽しい**
・**自分ですべてを考え、実践する**

経済圏構築のメンタルを維持する方法

▼無理をしない

じぶん経済圏を構築し、それを継続していくためにもっとも大事なことは、**無理をしない**ということです。

じぶん経済圏づくりに取り組むあなたに対して、ときに周りの人たちは「実際にはなかなか厳しいんじゃない？」などと声をかけてくることもあるでしょう。

しかし、好きなことで経済圏をつくっていれば、周りの人の目にはどう映ろうとも、厳しいかどうかは本人のみぞ知る、です。

もし、自分のモチベーションが下がっていると感じるなら、無理をして頑張っている可能性が高いかもしれません。とはいえ、それは周りの人が決めることではないはずです。

たとえ他人からは無理をしているように見えても、本人はまったく無理などしていないということは少なくありません。自分では好きなことを楽しんでいる状態なので、うそ偽りなく無理はしていないし、特に頑張ってやっているつもりもないものです。

ただし、売り上げが伸びない、人が集まらない……などという状況になった際、落ち込んだり焦ったりしてしまうこともあるかもしれません。そのために、「もっと頑張らなきゃ」「なんとかしなければ」と無理をすることによって、モチベーションが下がってしまうこともあります。

これでは、経済圏を維持することが苦痛になったり、大きなストレスを抱えたりすることになりかねません。

じぶん経済圏は、「こうしなければならない」というマストのものではありません。ですから、無理は禁物です。

たとえば、商品が売れないときに、「○○が悪いから売れない」「○○がダメだから売れない」「○○は自分に向いていない」などと、否定から入らないように気を付けましょう。そこから考え始めると、結局、自分に負荷をかけ、無理をしなければならなくなります。そうではなく、「○○してみたら売れるんじゃないか?」程度の肯定から発想してみてください。売れないことが悪いことだとは決して思わないようにしましょう。

じぶん経済圏では、嫌いなこと、やりたくないことはやらなくてかまいません。人間社会では苦労しないとお金は稼げない、という呪縛を解いてください。

そのほか、他の人たちがやっていることと**比べるのもやめたほうがいい**でしょう。例えば、他の人と比べて、自分はどれくらい時間を使っているとか、どれだけ売り上げ、あるいは報酬を得ているとか、そんなことをいちいち比べていると、モチベーションが下がる理由がいろいろ出てきてしまうだけです。

特に、成功してキラキラしている人の情報をツイッターなどで見てしまうと、自分と比較することで、モチベーションがダダ下がり、などということも珍しくありません。人と比べないということも、メンタルを維持するうえでとても大事な要素だと思います。

経済圏を続けていると、何かに悩んでしまったり、心にひっかかるものを感じたりすることもあるでしょうが、無理をするのではなく、ルーチン化してただ好きなことに没頭し、続けていきましょう。考える前に手を動かすのが、クリエイティブの基本です。

一日のうちのわずかな時間であっても創造性が高まる心理状態に入ると、人のやっていることなどは目に入らず、外野の声も耳に届かず、よいアイデアがひらめいたり、楽しいことに出合えたりする場合があります。

こうして続けているうちに、無理をせずとも予期せぬ幸運がめぐってきて、次のステップに飛躍できるものです。次節では、経済圏を継続する方法についてお話しします。

- **継続するには「無理をしないこと」**
- **いやなこと、やりたくないことはしない**
- **他人と比べない**

継続するために留意すること

▼来る人を選ぶ

「来る者は拒まず。去る者は追わず」などとよくいいますが、じぶん経済圏に関しては、**来る人は選ぶ**ようにします。やって来る人全員を受け入れることはしない。これが、きわめて重要です。

「そんなことをしたら、せっかく経済圏を大きくできるチャンスを逃してしまう……」

「たくさん来てくれれば、売り上げが上がるからいいんじゃないの？」

そんな声が聞こえてきそうですが、経済圏を広げようとしすぎるあまり、自分の経済圏を理解していない人やさほど賛同していない人たちまで来るようになると、ささいな誤解からその人たちが突然クレーマーに変わってしまうことがあります。コミュニティが大きくなってくると、必ずそういった人が現れます（ほとんどの場合、提供者と受け手のマッチングのズレが原因なのですが……）。

もともとつながりのあった人たちを中心に少しずつ広げてきた経済圏で、メンバーたちと信頼関係を築きながら居心地のいい場所をつくってきていたのに……。無理解なクレームや要求、外野の無責任な批判、つまりノイズはかなりのストレスになります。場合によっては、経済圏が崩壊してしまうことさえあります。

会社勤めの人でも、お客さん（エンドユーザー）からのクレームにじかに接しているケースはそう多くないはずです。多くの会社では、クレーム処理は対応が難しいため、専任の担当者がいます。それだけに、じぶん経済圏で人間関係のストレスが発生すると、じぶん経済圏に対するモチベーションを下げるだけでなく、会社での仕事にまで悪影響が出てきてしまったら本末転倒です。

もし、そのような状況に陥りそうになったら、関わらないようにかじを切ります。じぶん経済圏の目的は、本業（会社）で得られない経験をする点にもあるわけですので。

もちろん、自分がつくったものやサービスに関してはできる限りの責任をもつことが前提です。そのために、じぶん経済圏では**自分がコントロールできる範囲**、責任が持てる範囲で行動することが基本です。そのうえで、そこから逸脱するような要求をする人には関わらないようにします。

どうしても解決できない問題が発生したら、一人で悩まず、信頼できる人に相談することをお勧めします。一人でかまいませんので、そのような相談相手を見つけておくといいでしょう。できれば、メールでのやり取りではなく、電話か直接会って気楽に話せる人が理想です。声のやり取りは、考えを整理し、精神を落ち着かせる効果があります。

じぶん経済圏においては、**集客の順番**を考える必要があります。まずは前述したとおり、自分と縁がある知人・友人に声がけをしてお客さんになってもらい、サービスや商品を使っていただき、体験してもらう。経済圏に共感してくれた人たちによる初期メンバー（コアメンバー）を構成することです。つまり、**自分がもつ人脈**でコミュニティの基礎を固めます。そのメンバーに満足してもらい、そのうえで次に、**メンバーたちやお客さんの人脈**を基にして集客していくのがいいでしょう。このとき、初期メンバーによる**正しいコア**をつくるのがポイントです。

初期メンバーが商品やサービスに満足すれば、そのまた友人・知人に紹介してくれるはずです。この流れが重要であり、私としては**広告はいちばん最後の手段**になります。

起業して、じぶん経済圏でどんどん稼いでいく……という人から見たら、とてもゆるい経済圏かもしれませんが、前述したとおり、まずはミニマム・ゴールを目指します。急な拡大路線は危険です。

サラリー以外で収入を得るという体験、それを通して、自分のペースとスケール感で広げていく。信頼できるメンバーを集める。さらに、自分がコントロールできる等身大の運用方法をしっかり身につけることこそ、じぶん経済圏を継続するための大きなモチベーションになるのではないでしょうか。

私の場合、お金に関することで過去に失敗をし、いろいろな経験をしてきましたが、いまではお金のストレスのない生活を送っています。

世の中には、お金に関する不安やマイナスな気持ちを抱えている方たちはたくさんいますから、経済圏がそういうストレスを少しでも軽減するきっかけづくりになれたらいいな、というのが私の望みであり、それ自体が世界観でもあります。

自分ひとりでお金持ちになっても面白くないですし、経済圏を通して、自分が得てきたことの社会へのフィードバックといいますか、自分が享受してきたものを少しでも還元できたら……と常に思っています。

- じぶん経済圏に来る人を選ぶ（賛同してくれるメンバーだけで構成）
- クレームをつけてくる人から逃げる
- 相談相手を見つける

じぶん経済圏における「消費」と「投資」の話

▼時間軸で分ける

じぶん経済圏での収入をどう使うかということに限らず、お金の使い方は、「消費」「投資」「浪費」の3つに大きく分類することができます。

ファイナンシャル・プランナーやお金自体の運用をなりわいとしている方にとって、お金の使い方をこの3つに分けるというのは、比較的スタンダードな考え方だと思います。

これは、主に時間の軸をベースにして分けられています。

まず、時間軸の現在。まさにいま、経済圏を維持していくために必要なお金があるはずです。いわゆるランニングコストですね。これに使うのが消費です。

そして、将来。これから先、自分自身を含め、じぶん経済圏を広げていくのに必要だと思われることにお金を使うのが投資です。将来のじぶん経済圏に影響を与えます。

一方、じぶん経済圏の将来にはまったく影響することのないもの、まったくメリットのないことにお金を使うのは浪費になります。

会社から受け取るサラリーについては、生活費を含めた使い道はこれまでのやり方でかまいませんが、じぶん経済圏で得たお金は、主にこのうちの「消費」と「投資」を意識して使っていくようにしたいものです。場合によっては浪費になってしまう出費があるかもしれませんが、基本的にはじぶん経済圏で得たお金は浪費には回しません。

それには、100円ショップで売っている「おこづかい帳」などでかまいませんから、ノートを1冊用意して、何に使ったかを簡単にメモしておくとよいでしょう。詳細に記録しようとすると長続きしませんので、だいたいでかまいません。入ったお金と使ったお金を記録します。食事、セミナーへの参加、物品の購入。使ったお金は、消費、投資、浪費を意識しながら分類し、書き留めます。重要なのは、常にこの3分類を意識することです。

中には、消費、投資、浪費の境界線がはっきりしない場合もあります。たとえば、ひと口にセミナーに参加するといっても、投資として、経済圏の発展に役立つ講座もあるでしょうし、予想していた内容でなかった場合には浪費に終わるかもしれません。

それが投資なのか、浪費なのかを意識することが大切です。これは一見浪費だけれど、自分をリラックスさせるものだから投資としてもかまわない、などということも時にはありだと思います。じぶん経済圏での収入を、得るものがない消費に使うことは避けましょう。

このように意識しながらお金を使うことで、無駄は避けられるのではないかと思います。

・お金の使い方は「消費」「投資」「浪費」の3つに分類できる

「じぶん時間」を確保する

▼あなたの時間を他人に使わせない

いまのあなたには、自由に使える時間が毎日どのくらいありますか？　そしてその時間には主に何をしていますか？

「平日は自由時間なんてほとんどないよ」などと言いながらも、無意識にテレビやネットを見ていたり、ゲームをやっていたり……ということはないでしょうか。

じぶん経済圏をきちんとつくっていくには、まずそのための時間を確保するということが大きなポイントになります。この「**じぶん時間**」を取り戻さないと、経済圏をつくるなどということは夢のまた夢。実現はかなり難しいかもしれません。3万円はじぶん時間によってのみ生み出されるといえます。また、経済圏が動き始めてからも、これを維持したり、大きくしたりするためにはじぶん時間が必要です。

ただし、通勤時間も含めて会社にかかわる時間は決まっていますし、それ以外の睡眠や飲食、入浴など、生活に必要な時間を考えると、残りの時間はかなり限られてしまいます。この**限られた時間をどう使うか**ということが重要です。

もちろん、勤めを終えてゆっくりしてはいけない……などと言うつもりはありませんが、漫然とテレビを見ていたり、ゲームをしたりしていたのでは、**あなたの時間を他人に使わされている**ようなものです。それでなくても時間は限られているのに、どんどん自分が能動的に行動する時間が減ってしまいます。

その結果、自分の時間がゼロになってしまったら、いつまでたってもじぶん経済圏がつくれません。じぶん時間が多ければ多いほど、経済圏をつくるスピードは早くなりますし、最初のゴールである3万円が入ってくる日も早まるでしょう。

手をかければかけるほどきれいな花が咲いたり、野菜や果実が豊かに実ったりするように、時間をかければかけるほど、あなたの経済圏も大きくなって充実するはずです。

じぶん時間は限られていますから、経済圏づくりの作業をするときには、できるだけ集中するようにしたほうがいいでしょう。会社の勤務が終わったら、スマホや通信機器はOFFにしてしまうのが手っ取り早いかもしれません。

私は、メールの着信などが気になってしまうので、自宅での作業中はほとんど機内モードにしていることが多いです。

帰宅したあとも、スマホをONにしてゲームに熱中しているようでは、時間はいくらあっても足りないのではないでしょうか。そんな調子では、じぶん時間がどのくらい確保できるのか、ちょっと心配です。現代は個人がゆっくり考える時間さえ分断されてしまっており、まとまった時間を確保しにくい状況になっています。

時間があれば無意識にテレビを見ていたり、習慣的にゲームをやったりしているのは、**他人がつくった仕組み**の中で時間を費やしているにすぎません。ときには、課金によってお金を注ぎ込んでいることさえあるでしょう。

これは、いわば他人経済圏に、あなたの時間やお金を搾取されているともいえるのです。例えば、SNSや動画、ひんぱんに届くメッセージ、情報チェックなどに夢中になっているのも同様の状態といえるでしょう。

SNSは、自分から情報発信をしていく場合にはとてもいいツールなのですが、情報を受けるために閲覧するのは、他人ベースの経済圏にいて時間を費やしているだけにすぎません。言い方を変えれば、それと気づかないうちに、サービスの提供会社にじぶん時間を搾取されてしまっていることになるわけです。

自分の経済圏でしっかり収入を得ているような人たちは、ほとんどがとても忙しそうです。しかし定時で仕事を終え、サラリーを得る本来の仕事以外の時間をうまく捻出しているという点は、皆さん共通しています。

- ・「じぶん時間」を取り戻す
- ・あなたの時間を他人に使わされている
- ・ゲームやテレビは他人がつくった仕組み
- ・定時で仕事を終え、時間を捻出する

じぶん時間を取り戻し、楽しむ

▼自分から仕掛けていく

あなたが他人経済圏だけで生きているとしたら、いつも使われるだけ、搾取されるだけで、どう考えても損をしていると思うのですがいかがでしょうか？　会社に勤めているのも、サラリーを得ているとはいえ、対価としてあなたの大切な時間を何年間も、場合によっては数十年以上にわたって差し出しているのですから、搾取をされているともいえるのです。

ここはひとつ、じぶん経済圏をつくって、自分の時間を少しでも取り戻しましょう。「搾取する側に回れ」と言うつもりはありませんが、少なくとも、いつまでも搾取され続けたり、仕掛けられたりする側にいたのでは、人生におけるいろいろな面で損をする可能性は非常に大きくなります。

それに、損得勘定を抜きにしても、**自分から仕掛けていくほうが絶対楽しい**のではないでしょうか。楽しくなかったら、自分の経済圏をつくったとしても、それを維持していくことは難しいと思います。自分が楽しくなければ、周囲の人たち、特にあなたの経済圏に来てくれる人たちも楽しめないでしょう。

初めは月3万円だけしか入らなかったとしても、ここが楽しければ、やりがいも出てくるはずです。月100万円稼ぐ経済圏と、月3万円の経済圏……、絶対に100万円のほうがいいのかといえば、そうとも限らないのではないでしょうか。100万円稼いでも、プレッシャーを感じたり、自分の思惑とは違う方向へ進んでいたりして、やりがいを感じないかもしれません。

初めから数字や規模にばかり目が行くと、比較することで良しあしを判定してしまうかもしれませんが、それだけではなく、やっていて楽しいという、数字に表れにくいポイントもあります。これは、モチベーションを維持するのには欠かせないことです。

そして、楽しさを維持できれば、時間はかかったとしても、いつか数字にも表れてくると思います。

いずれにしろ、自分が仕掛ける側にいるほうが、他人経済圏で仕掛けられたりするよりも比較にならないくらい面白いことは間違いありません。月3万円のじぶん経済圏をつくるところから始めてみれば、仕掛ける面白さを多少なりとも味わうことができ、それが原動力になるはずです。

そして、じぶん経済圏が大きくなっていけば、他人経済圏依存が減り、それに比例してじぶん時間も増やすことができるのです。

・自分から仕掛けていくほうが絶対楽しい
・楽しさはモチベーションを維持するのには欠かせない

誰でも仕掛ける側になれる

▼一国一城の主になる

じぶん経済圏をつくるというのは、自分が仕掛ける側になることです。いまは、その気になりさえすれば誰でも仕掛けられるという、とてもいい時代です。

以前なら、技術的な問題もあって、一個人のレベルで仕掛ける側に回るなどというのは、とても難しいことでした。それがいまはひとりでも、今日からでも、やろうと思えばすぐにできてしまうのですから、これはとてつもなく大きいことです。

例えば、これまでYouTubeは見るだけだったけれど、自分から発信する側に回ってみたら、見える世界が全然違ってきます。SNSにしても、受け手側から発信する側に回ると、気づくことがたくさんあります。

経済圏は一つの国みたいなものですから、これをつくるのは、一国一城の主になることです。とても小さな国ではありますが。自分が主になってみると、仕掛ける人たちの思考回路がわかってくるようになります。それに、他人経済圏にいただけでは見えなかった、いろいろなことが見えてきます。その分、搾取されにくくなるのです。

一国一城の主になるのに、自己資金がたくさん必要とか、技術的にも難しいことがいろいろあるというのなら話は別ですが、ツールが豊富ないまの時代、やると決めれば仕組みはつくれますし、時間があれば経済圏を実現できるのです。これは、やるしかないでしょう。

しかも、クリエイティブで楽しい。何かをつくり出すというのは、ほとんどの人にとって、楽しいこととイコールだと思います。特にモノつくりが得意でなくても、場をつくる、コンテンツを提供するなど、何らかのじぶん経済圏はつくれるはずです。

あらゆる分野で自動化が進む現在、クリエイティブは社会を回していく重要な鍵になるでしょう。クリエイティブといっても、アートやデザインだけの話ではありません。仕組みづくりやアプリのプログラミングを含めて、新しいなにごとかを行う行為すべてを総称している言葉だと思います。

ただし、どうしてもいまの時点では提供するものが考えつかない。「やりたいけれど、どうしたらいいの？」という場合には、とても面白そうな経済圏、うまく回っている経済圏に行ってみる、というのもありです。仕組みをうまく循環させて利益を上げている人のやり方を見れば、参考になることが多いはずです。あるいは、成功した人が開催するセミナーに参加してみることもお勧めです。成功した人の話を聞くと、必然的にモチベーションも高まります。

成功した人のやり方をまねて自分の経済圏をつくっていくというやり方もあります。模倣するのは悪いことではありません。模倣したとしても他者と同じにはならず、あなたが生きている環境に応じたあなた流の経済圏ができるはずですから。簡単に投げ出さずに、経済圏をつくることを前提にして取り組んでみましょう。

・仕掛ける人たちの思考回路がわかってくる
・クリエイティブは社会を回していく重要な鍵
・仕組みをうまく循環させて利益を上げている人を参考に

第3章

8時間から始める経済圏構築プラン

——コンセプトと名前、ルールを決める

じぶん時間の捻出法

▼毎日コンスタントに時間をつくる

会社勤めをしながら自分の経済圏をつくるには、「じぶん時間」を確保することがいちばんのポイントになることは前章でも触れました。そのためには、不要不急の時間というか、何となく過ごしてしまっている時間、惰性で使ってしまっている他人経済圏の時間を減らして、じぶん時間に充てるようにすることです。

特に、経済圏の基盤をつくる出だしの8時間が重要です。やると決めたら、まず**8時間は、何が何でも捻出**してください。8時間で何をするかについては次節で説明します。

仕事をしながらでも、平日は1日1時間、土日の2日間で3時間捻出すれば、1

週間でクリアできることになります。中には、週末にまとめて8時間取りたいという人もいるかもしれませんが、少しずつでも毎日コンスタントに時間をつくって、経済圏のための作業をすることが大切です。毎朝、普段よりも早起きをして、習慣的に時間を充てるのもいいでしょう。この際、生活サイクルを変えて、夜型を朝型にしてみるのも一考です。朝のほうが思考がさえて、効率的に物事を進められる場合が多いと思います。

そして、今日は1時間、明日はゼロ、翌日に2時間……というふうに、やったりやらなかったりしてリズムを崩すより、淡々と毎日1時間はじぶん経済圏の作業をするというリズムをつくるとよいでしょう。例えば1日1時間は、その日のうちに30分ずつ2回に分けて合計1時間というのでもかまいません。

やったりやらなかったりというのは、経済圏を構築する前に投げ出してしまったり、仕組みがうまくできなかった人にありがちなパターンです。

まずは8時間、とりあえず最初のゴールをクリアするまでは毎日1時間ずつ続けるつもりで、じぶん時間を習慣づけてみましょう。

これまでテレビを見たり、ゲームをしたり、娯楽やSNSに費やしていた時間を削ってじぶん時間をつくる。それは、ちょっと窮屈に感じられるかもしれません。しかしじぶん経済圏をつくるのは仕事でもありますが、そのコンセプトは自分が好きなこととリンクしている場合がほとんどです。ですから、テレビやゲームなどに使う1時間を経済圏に使うといっても、そこに面白さはありますし、少なくともやらされている感はほとんどないと思います。

最初は少し戸惑うこともあるかもしれませんが、やり始めれば、受け身の時間つぶしよりは、能動的な作業にきっと面白さを感じるはずです。やってもやらなくてもいいことを1時間やるときのように、その時間を無駄に使ってしまうという感覚はないでしょう。失ったり、奪われたりという気持ちがあると、そこから先が続かなくなってしまいます。

- **経済圏の基盤をつくる出だしの8時間が重要**
- **毎日1時間はじぶん経済圏の作業をする**
- **作業は習慣化すること**

出だしの8時間でコンセプトを固める

▼経済圏のコンセプト

まずは、週8時間の捻出。これならやっていけると思えたら、さっそくじぶん経済圏づくりに取り掛かります。毎日1時間ずつでもコンスタントに、この基盤を固めるために時間を使うようにしましょう。

その第一歩が、あなたの**経済圏のコンセプトをつくる**ことです。

「さあ、始めるぞ！」という人の多くは、すでに自分の強みを確認し、何をベースに経済圏をつくっていくかを漠然とでも考え始めていると思います。

まだこれから、という人も、少なくとも出だしの8時間の中で決めるようにしましょう。動き出したら、ある程度のスピード感も大切ですが、ここは少し時間をかけてでも、しっかり考えてください。できれば、紙に書き出しながらコンセプトを固めていきましょう。何をやるのかを明確にしておかないと、自分から発信していくという、次のステップへ進みにくくなってしまいます。

前章で少し触れたとおり、主なカテゴリーとしては、自分でモノをつくって売る「**モノづくり系**」、自分の専門的なスキルやサービス、情報などを提供する「**コンテンツ系**」、いろいろなコンテンツを持つ人たちや、同じような趣味、価値観などを持つ人たちをつなげるコネクター的な「**場づくり系**」（コミュニティ）の3つがあります。

この中のどれを選ぶのがよいか。それは、あなた自身がいちばんよくわかっていると思います。モノがつくれるかつくれないか、モノづくりに関しては、特に考えなくてもわかることでしょう。それ以外でも、自分の強みは何か、何ができるのか、それが好きかどうか……。しっかり自問自答をして答えを出します。

例えばコンテンツ系であれば、ギターを弾くことが大好きで、自宅でギター教室を開きたいと考えたとします。その場合、あなたのギター演奏のレベルがどれくらいなのかを自分で客観的に判断してみてください。プロのギタリストには及ばないが、コード譜を読んでだれかの楽曲の伴奏くらいはできる。しかし、高度なアレンジの曲はまだ無理……。

いまの自分の技術にどのくらいの価値があるかは、実は自分がいちばんよくわかっているはずです。他人に教えるとしたら、ギターを弾いたことがない初心者に向けて基礎テクニックなら教えられるだろう。「初心者向けギター教室」と並行しながら、自分も上級者の指導を受けて練習してギターテクニックをさらに高めていこう。ゆくゆくは地元のコミュニティセンターを借りてたくさんの生徒に教えたい、などといった具合です。上級者に習うという行動は、いうなれば自分に対する投資です。

これは、ほかのジャンルにおいても同じようなことが考えられると思います。物販や場づくりであれば、そのジャンルで成功した人の書籍を読んだり、セミナーに参加してみましょう。3万円の中から費用を捻出し、自分に投資することによって、自己の価値を高めていくのです。自分こそ、ローリスク・ハイリターンの最高の器です。

場づくり系では、前述したナイトハイクのコミュニティづくりのような愛好家同士の集まりのほかに、リアルの場所貸しもこれからは盛んになるでしょう。例えば、だれも住んでいない実家を空き家にしたくない人が、それをレンタルスペースとして提供するなどが考えられます。ご存知のとおり、日本ではいま空きスペースが増加しています。それをレンタルスペースとして提供して、会議室や作業スペース、塾、YouTubeの撮影スタジオなどに活用してもらい、収益を上げる人が近年増えているようです。新しいかたちの不動産投資といえるでしょう。

とはいっても、自分の強みに確信がもてないという人もいるかもしれません。それでも、モノづくりがしたいのか、自分のこれまでのキャリア、経験をコンテンツ化して出したいのか。あるいは、人と人とをつなぐような場をづくりたいのか。うまくできるかできないかはともかく、自分がどの要素を持っているか、何がいちばん好きか、何をやりたいのか……ということは、本人が最もよくわかっているはずです。ある物事でだれかに褒められたり、感謝された経験はだれしもあるでしょう。

どうしても結論が出ない、自分の強みが見つからないという人は、自分でつくったものではないけれど、手持ちのモノを売る、ということから始めるという手もあります。メルカリやアマゾンなどがやりやすいでしょうか。扱うのは、やはり自分が興味をもっている分野の、相場感がわかるモノがいいでしょう。

ただしこの方法では、売るモノがある間はよいのですが、継続的に収入を得るというのはなかなか難しいかもしれません。例えば、前述した「オンラインサロン」や、文学、写真などアート系の投稿サイト「ｎｏｔｅ*6」など、初めは小さい額でも積み重ねていくように安定収入のあるものとは、お金の生まれ方が違います。

それに、既成のモノを売るのは手っ取り早く始められますが、じぶん経済圏の概念からは少々離れてしまいます。単なる転売で終わるのではなく、これを足がかりにコミュニティ化していければ、自分の経済圏づくりに結びつけられるのではないでしょうか。「この人のセレクトショップだから買いたい」などという人が来てくれるようになれば、魅力的なじぶん経済圏がつくれると思います。

自分には何もない、と思っている人はいちど立ち止まってよく考え、自分を見つめ、創造性を発揮することです。第4章で、実際に経済圏をつくった人たちのお話を紹介していますので、参考にしてください。きっと何かヒントが見つかるでしょう。

コンセプトをしっかりと決めて動き出し、やるべき作業を進めていけば、月

3万円は視野に入ってくるはずです。

- ・出だしの8時間で経済圏のコンセプトをつくる
- ・自分に投資をする
- ・自分の強みはなにか？
- ・物販からコミュニティ化し、じぶん経済圏へ結びつける

＊6 note——クリエイターが文章や画像、動画などを投稿して、ユーザー（読者）がそのコンテンツを楽しんで応援できるメディアプラットフォーム。記事を有料化できる（月額または記事1点ごと）。

本のタイトルのように名称を決める

▼経済圏の名前

コンセプトが固まったら、これを外に向けて発信していく必要があります。じぶん経済圏の公開のために、まずは**経済圏の名前**を考えましょう（図3）。例えば、いきなり「手づくりのドーナツ売ります」とか、「副収入を得る秘訣《ひけつ》」などと伝えようとしても、ユーザーからなかなか見つけてもらえないでしょうし、買いにくく、参加しにくいかもしれません。

第一、「それって何？」「えっ、誰なの？」という感じで、とても伝わりにくいでしょう。偶然に探しあてて見てもらえたとしても、何となくうさんくさいとか、信用できないなどといった理由で、経済圏の中に入って来てもらうのは難しそうです。

図3

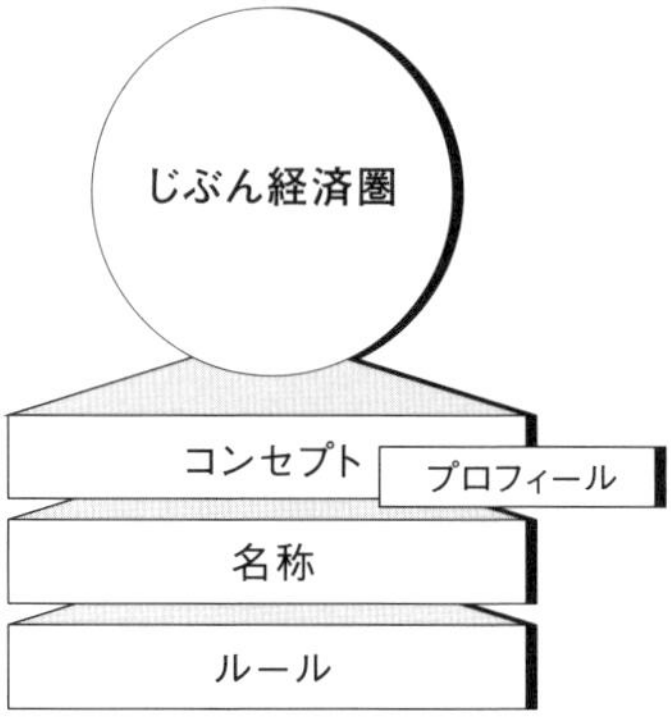

まず、本のタイトルを考えるように、経済圏に名前をつけるとよいでしょう。何を提供したいのかが伝わりやすくなり、親近感もわくはずです。

ネーミングはそれほど凝らなくてもかまいません。むしろ、簡単にわかりやすくしたほうがよいでしょう。「○○式」や「○○流」、「○○の」という具合に、名前をコンテンツにつけるのがシンプルです。名前がつくと自分らしくなりますし、突拍子もないことを書くよりも、ずっと伝わります。「田口式じぶん経済圏のつくり方」「田口流お金持ちのススメ」「田口こだわりの○○食」などで十分です。

凝る人はとことん凝るようですが、凝

りすぎて考えすぎるあまり、そこで流れが止まってしまうよりは、とにかくまずはつくって始めることが重要です。名前を考えるためだけに、最初の何時間も使うことになったら、もったいない話です。それよりもどんどん発信して、外に向けてやりたいことや思いを伝えたり、公開することにじぶん時間を多く使いましょう。

まずはコンセプトと名前を決めて、あなたの経済圏のスタートを切りましょう。ネーミングは、動き出してから必要に応じてサブタイトル、キャッチコピーを加えたり、インパクトのある表現にしたりして適宜調整していけばよいのです。

メインタイトルはシンプルにわかりやすく、サブタイトルは少し説明的にするのがいいようです。SNSやブログなどの情報発信ツールについては次節以降で説明します。

- **じぶん経済圏に名前をつける**
- **メインタイトルはシンプルに、サブタイトルは少し説明的に**

考え、そして伝える

▼プロフィールを書く

経済圏をつくるため、また、その経済圏を大きくしていくための手段が情報の発信です。自分からの発信なくしては、じぶん経済圏を成立させることは不可能です。

コンセプトが明確になり、自分がやっていこうとしていることが描けたら、どんどんそれを公開していくことです。経済圏の構築のためにやるべきことはいろいろありますが、**考えること**と**伝えること**、この2つが大きな柱といえるかもしれません。

特に経済圏が動き出したら、伝えること、つまり情報発信は、毎日1時間の中でも、かなりのウエートを占めることになると思います。コンセプトと同時に、それをやろうとしている、**あなた自身のプロフィール**をわかりやすく伝えていくことが重要だからです。ちょうど、書籍に記載されている著者プロフィールのようなものです。

モノづくりなら、どんな人がつくっているのか。どうしてそれをつくっているのか。またコンテンツ系や場づくり系でも、本人の実績や経験をふまえて、こんなことをしてきたから、いまはどうだとか、これなら自分に任せてとか、プロフィールやストーリーなどを考えて、アピールしていきます。

文章作成に自信がない場合、まずはだれかの文章をまねして書いてみましょう。内容もすべて同じだと著作権に触れてしまいますので、キャッチコピーやリード（導入文）、プロフィールの書き方をまねしてみてください。

文章はとにかく書かないことには上達しません。毎日10分でもいいので、文章を書く習慣をつけてみてください。日記でも、後述するツイッターでもかまいません。いちばんいいのは文章力がある人に添削してもらうことですが、そういう人が周りにいない場合は、本を先生にしましょう。文章作成の教科書としては「日本語の作文技術」（本多勝一著）などがお勧めです。

どんな人たちに経済圏に来てほしいのか、すなわちどんな人にアピールしたいのかという**ターゲット**も考えておくといいでしょう。男性・女性、年齢層、職業、コアターゲットなどを想定します。

うまく伝えていければ、あなたに共感してくれる人、興味を持ってくれる人、応援してくれる人などがたくさん集まることになります。このような共感や興味が大きくなるほど、経済圏の仕組みの燃料となって、あなたのじぶん経済圏は、どんどん熱く、活気があふれる場になるでしょう。それは決して一人で成し得るものではありません。

- **考えることと伝えること**
- **プロフィールを書く**
- **ターゲットを想定する**

ツールを使って発信する

▼SNSとブログ

情報発信ツールはいろいろあって迷ってしまうかもしれませんが、最初のうちは無料のものをうまく使っていけばいいと思います。

ただし、経済圏がある程度大きくなってくると、無料のサービスには制限があり、使いにくくなる場合もあります。LINEの公式アカウント*7でも、Zoomでも、またメール配信システムやメルマガ配信などでも、コストを少しかけてできることを広げると活性化する場合があります。

SNSは使い手との相性がありますから、最適のツールというのは人それぞれに違ってきます。自分が使いやすいものを使うのがいちばんなのではないでしょうか。

これから経済圏をつくろうという人なら、お手軽なのはツイッターでしょうか。文字数の制限があって長く書く必要がなく、また匿名性もあるので、会社勤めで本名を出したくない人にはよいかもしれません。ツイッターには、仕掛ける側の人も、仕掛けにのってくれる人も混在しているような印象があります。フォロワーが多い人にリツイートしてもらうと、一気に数千人、数万人に投稿を読んでもらえる可能性を秘めています。

フェイスブックは仕掛ける側の人が多く利用しており、一緒に何かをやってくれそうな人が多い傾向にあります。しかし経済圏をゼロからつくろうとするときには、ちょっと使いこなすのが難しいかもしれません。というのも、気がつかないうちに他人の経済圏に取り込まれてしまう可能性があるからです。ユーザー一人ひとりが仕掛け人であり、有名人ではないかぎりフォロワー（受け手）を多く集めるという目的には向いていません。

とはいえフェイスブックは、コミュニティ系を運営する人にとっては、イベントなどが仕掛けやすいSNSでしょう。また、LINEはコンテンツ系がやりやすく、モノづくり系もイケるだろうと思います。このほか、SNSの発信ツールとは別に、ブログ＊8も使えます。

経済圏をつくる中核にSNSがあって、そこにメルマガやステップメール＊9、LINE公式アカウントのようなこちらから送るツールがあると理想的です。自分の経済圏の中の人たちへのお知らせ用です（図4）。

そして、そのお知らせを送れるようにするには、まず経済圏に人を呼び込む必要がありますが、その入り口のツールとしては圧倒的に**ブログがお勧め**です。現在、「アメーバブログ」や「FC2ブログ」など、さまざまなブログサービスが無料で提供されています。あなたが利用しているインターネットプロバイダーがブログサービスを提供していることもありますので、いちど確認してみてください。

ブログはじぶん経済圏を表す言葉に興味のある人、それに関連することを探している人が検索でヒットしてたどりついてくれることが多く、ミスマッチが少ないともいえます。もともとブロガーと読み手の双方に通じる共通要素がある分、共感も得やすいかもしれません。

それにブログの場合は文字数の制限がなく、記事がたくさん書け、写真なども容易に掲載できるので、自分の経済圏の趣旨や内容を表現しやすく、想いや熱意もしっかりと伝えられるでしょう。

・SNSを活用する
・有料版でステップアップ

＊7　LINE公式アカウント――コミュニケーションアプリ「LINE」上で、企業や店舗などが独自のアカウントをつくり、LINEユーザーへダイレクトに情報を届けられるサービス。無料で作成できる。

＊8　ブログ――Web上に随筆や評論、日記などを掲載するサービス。あらかじめ用意された投稿フォームがあり、それに記述していくと所定のデザインのWebページに記事が掲載される仕組み。執筆者はブロガーと呼ばれる。Webにログ（記録）する「Weblog（ウェブログ）」を略してブログと呼ぶ。

＊9　ステップメール――購読者に対して、行動を促すためにシナリオに沿った一連のメールを作成し、順次配信する仕組み。

図4 ツールとしてのSNSとブログの関係

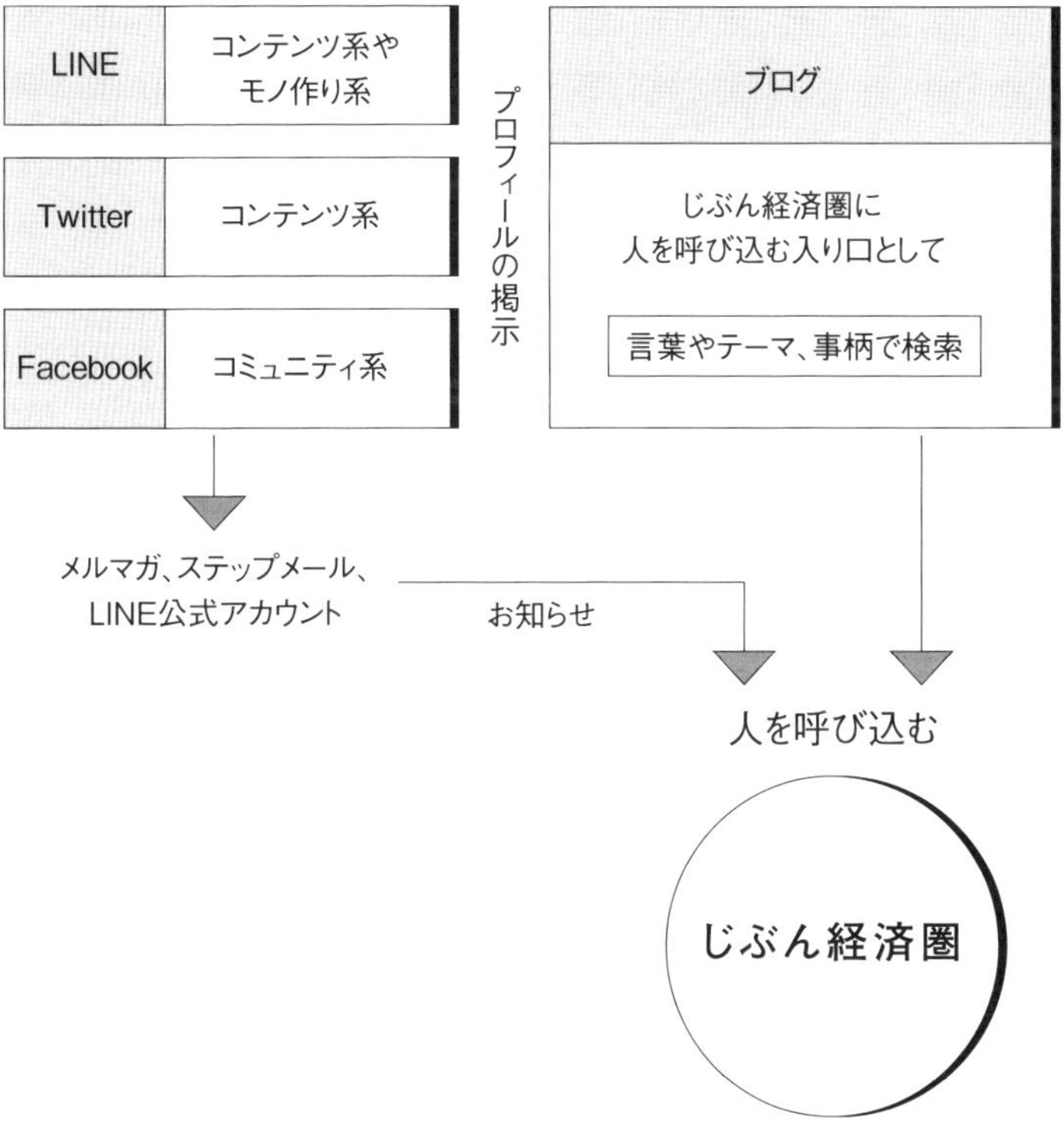

新しいネットサービスを探す

▼じぶんサイト開設への足がかりにする

近年、ネットを駆使した新しいサービスが登場しています。「Airbnb」は、宿泊施設を提供する人と利用者（旅行者）を結ぶ画期的なサービスで、あっという間に世界中に広まりました。

同様に従来の仕組みや考え方に当てはまらないインターネット上のサービスやアプリケーションが誕生し、それらはじぶん経済圏のツールとして活用できるものが多いです。理想的なのは、自分でホームページを作成することです。レンタルサーバーを契約し、ＨＴＭＬを勉強しながらホームページ作成ソフトで、Ｗｅｂページを作成します。

ただし、受注機能（お金のやり取り）まで設けるのは、初めての人にはハードルが高いのは事実です。費用が出せれば、コーダー（Ｗｅｂページを作成する人）に頼んで自分のホームページを作成してもらえばいいのですが、当初、それが厳しい場合は、無料あるいは安価で提供されているサービスをひとまず利用してみましょう。

例えば、イベントやセミナー、なんらかの集いを開催したい場合、「Peatix」(https://peatix.com/)を利用すれば、イベントページの作成からチケット販売、集客、受付、集金までを行うことができます(無料イベントの場合、費用はかからない)。イベントを告知し、集客するサイトなどはこのほかにもいくつかあります。

ネットショップであれば、個人向けのネットショップサービス「BASE」(https://thebase.in/)などを利用すれば、簡単にホームページを作成し、自分のつくった物をネット販売できます(ただし、商品が売れた場合手数料を払う)。

インターネット上の新サービスは毎月のように生まれています。その多くは無料か、低料金です。日ごろからアンテナを張って新しいサービスの情報を集めてみましょう。

とはいえ、いずれも他人がつくったサービスです。仕組みとしてはある種の他人経済圏といえるでしょう。利用中にサービスが終了してしまうことも考えられます。最初はこのようなサービスを利用して徐々に資金をためつつ得意客を集め、後日自分のWebページを開設するというプランが得策です。そして、じぶん経済圏の構築を進めながら、Webページを作成してくれる人を探してみましょう。

・新しいネットサービスを利用する
・最終的には自分のWebページを開設

「じぶん経済圏」のルールづくり

▼やること、やらないこと

実際の作業を進めるにあたって、もう一つやっておいたほうがいいのが、**じぶん経済圏のルール**をつくっておくということです。

コンセプトに関してはもちろんですが、**これは絶対にやらない**とか、これは必ずやるということを明確にしておくことが重要です。このとき、他人経済圏のルールでやってしまいそうなことは避けるようにするのがポイントです。

例えば、値段は必ず自分で決める・安全安心を確保できない材料は使わない・ウソはいわない・じぶん経済圏で得たお金は他人経済圏で浪費しない……など、これだけは絶対譲れないということを、3箇条でも5箇条でもかまわないので「じぶんルール」としてつくっておくといいでしょう。

それらは、この先に問題が起きたり、判断に迷ったりしたときなど、一つの指標となるはずです。また、経済圏を長続きさせるためにも、自分の理念を常に頭の隅に置くようにして行動するといいでしょう。

このルールも、「こうしたほうがよい」などと、人から言われて決めるものではありません。自分で考えて、自分流のルールに従って経済圏をつくっていってください。

方針やルールがなかなか思いつかない場合には、自己啓発本や成功法則本などを読んで参考にしてみてください。「7つの習慣」（スティーブン・R・コヴィー著）＊10、「ユダヤ人大富豪の教え 幸せな金持ちになる17の秘訣」（本田健著）＊11、「思考は現実化する」（ナポレオン・ヒル著）＊12など、世界的に読まれている名著がいいかもしれません。やることとやらないことを決めるヒントを見つけられるはずです（筆者も過去の著作『なぜ賢いお金持ちに「デブ」はいないのか？』＊13で「やらない哲学」を紹介しています）。

- **じぶん経済圏のルールをつくる**
- **本を参考に**

＊10「7つの習慣」――現在多く読まれている成功法則や自己啓発書ジャンルにおける先駆けとなる著作。人生を有意義に過ごすために実践すべき7つの習慣と、その元になる原則について論じている。スティーブン・R・コヴィー著。

＊11「ユダヤ人大富豪の教え 幸せな金持ちになる17の秘訣」――著者が学生時代、アメリカで出会った大富豪の教えを対話形式でわかりやすくつづった本。富豪が出すさまざまな課題を乗り越えながら、お金持ちになるための心構えや手法を学んでいく。本田健著。

＊12「思考は現実化する」――「7つの習慣」と同様に自己啓発、成功法則書における原典となる一冊。全世界で1億冊を超える販売部数を誇る。原題は「Think and Grow Rich」。ナポレオン・ヒル著。

＊13『なぜ賢いお金持ちに「デブ」はいないのか？』田口智隆著――自己管理ができない人はお金持ちの資質がないことを示した本。3000人のミリオネアから学んだ「絶対やらない哲学40」を紹介。

★コラム

名著から原理原則を学ぶ

なにかを勉強するには、独学か、誰かに教わるかのいずれかになります。習い事やセミナーは受講費用がかかり、それなりのお金を毎回用意する必要があります。独学の場合、インターネットか本で学ぶことが一般的です。さまざまな情報を無料で得られるインターネットですが、系統立てて学ぶには情報が散在しており、記事の信頼性の点でも限界があることが多いようです。

しかし本であれば信頼性が高く、比較的安い費用で、古くから蓄積された世界中の知見や知識を習得できます。また、新しい手法や考え方も系統立てて容易に学ぶことができます。評価が高いロングセラーのビジネス書や自己啓発書は、それなりの価値があるから人気があるわけで、購入して読む意義は十分あるでしょう。

評価が高い本に書かれているのはビジネスに関する小手先のテクニックではなく、原理原則にまつわる話です。自分、人生、家族、お金、人、目標、ビジネスなどの根源的な考え方を示唆しているのが、名著と呼ばれる本です。その多くには、手取り足取りといった具体的なアドバイスはほとんど掲載していません。いうなれば、普遍的な原則が示されているだけです。読み手はそこに示唆されたものから自分に必要な考え方や意義を見出します。それは、生きていくうえでの精神的な柱になるものといっていいかもしれません。

本は読んで行動するためにあります。読んで終わりではなく、そこで得たものを基にして自分なりの指針を決め、じぶん経済圏の構築に役立ててみましょう。

ここで、私がお勧めしたい本をいくつかご紹介します。

＊

『金持ち父さん　貧乏父さん　アメリカの金持ちが教えてくれるお金の哲学』　ロバート・キヨサキ＋シャロン・レクター著（筑摩書房）

世界中で注目を集め、日本でも2000年に話題になったベストセラーです。

「中流以下の人間はお金のために働く。金持ちは自分のためにお金を働かせる」

本書には、多くの人が持っているお金に対する見方や考え方を180度変える教えがつづられています。

高学歴の実父（貧乏父さん）と、学歴のない友だちの父親（金持ち父さん）。この2人の考え方や生き方を対照しながら、その後大富豪になる後者の導きによって話は展開していきます。構成の柱は、金持ち父さんによる次の6つの教えです。

金持ちはお金のためには働かない
お金の流れの読み方を学ぶ
自分のビジネスを持つ
会社をつくって節税する
金持ちはお金をつくり出す
お金のためでなく、学ぶために働く

私たちは学校でお金に関する実際的な技術は教わりません。学校はお金のために働く方法を教える場所であり、お金について学ぶのはもっぱら家庭です。本書ではお金についての教育の重要性を何度も説いています。

また、多くの人々がかかえる生活の不安の要因は「欲望」と「恐怖」にあり、安定した仕事に就けばその恐怖を払しょくできるという思考は、わなにはまっていると指摘。そこから脱却する考え方を前述の6つの指針に沿って具体的に示します。私たちがなぜ毎月の仕事に追われ、支払いに頭を悩ませているのか、それを客観的に示してくれる点だけでも、本書を読む価値はあるでしょう。

私はこの本から大きな影響を受けました。「考え方を選択する」ための多くのヒントが盛り込まれています。それによって得られるのは非常に大きなものです。あなただけではなく、あなたからお子さんにも読み継いでいただきたい名著です。

『道をひらく』　松下幸之助著（ＰＨＰ研究所）

累計520万部を超えるベストセラーとしていまでも多くのビジネスマンに愛読されている名著です。著者はパナソニックグループの創設者。

一つのテーマを立て、所感や気づき、提言を見開き単位で掲載した、手帳サイズの非常に読みやすい本です。

仕事、自然、生と死、生活、人のつながり、社会の変化などの、人生のさまざまな場面で目にすること、感じることを、物ごとに対する真摯な思考や道理を基にして説いています。

「繁栄は〝なぜ〟と問うところから生まれてくるのである」

「心配や憂いは新しくものを考え出す一つの転機ではないか」

経営者ならではの視点や高い理想を掲げる側面もありますが、総じて狭くなりがちな視野を広げてくれる普遍性をもった言葉がつづられ、仕事や生活に迷いや行き詰まりを感じたときなどに読むと大いに励みになります。

『影響力の武器　なぜ、人は動かされるのか』ロバート・B・チャルディーニ著（誠信書房）

著者は冒頭、自分は人にだまされやすい人間（カモ）だったと過去を振り返ります。その後、実験社会心理学者となり、さまざまなフィールド実験を通じて承認誘導の実際を調べ、人間行動を導く基本的な心理学の原理を見つけ出します。それは次の6つです。

①返報性
②一貫性
③社会的証明
④好意
⑤権威
⑥希少性

この6つの原理は非常に興味深いもので、だれしも心当たりがあるでしょう。

たとえば、①の「返報性」では、「他人がこちらに何らかの恩恵を施したら、似たような形でそのお返しをしなくてはならない」というルールについて触れています。営業活動などで顧客を承諾に導くテクニックとして使われていますので、身に覚えがある事例です。あるいは、最初に高い要求をし、それが拒否された場合、低い要求を提示すると、人は後者を容易に受け入れるといった性質（コントラストの原理）について考察しています。本書を読めば、人が動かされる原理、動かす原理を知ることができ、具体例も豊富につづられ、人生のあらゆる場面におけるやり取りの対処法としても役立つでしょう。

『人を動かす』　デール・カーネギー著（創元社）

本書も世界的なベストセラーの一冊。さまざまな自己啓発書の原点ともいうべき名著です。主な構成は次のとおり。

人を動かす三原則
人に好かれる六原則
人を説得する十二原則
人を変える九原則

文中に、「人を動かす秘訣は、間違いなく、一つしかないのである。すなわち、自ら動きたくなる気持ちを起こさせること」とあるように、本書は人間関係において身につけるべき原則や道理を世界中のさまざまな興味深いエピソードと事例を交えて伝授しています。

読み進めると、原理原則とは非常に普遍的な思考ですが、別の言葉で表現すれば、道理にかなったことを行うと捉えることができます。自分が望む方向に物事を動かすには正しい見方が必要です。

「成功に秘訣というものがあるとすれば、それは、他人の立場を理解し、自分の立場と同時に、他人の立場からも物事を見ることができる能力である」（ヘンリー・フォード）

この本もまた、既存の考えにこりかたまった頭を柔軟にしてくれる珠玉の言葉が散りばめられています。問題が起きた場合、それを解決する発想の転換の糸口を見つけることができるでしょう。

文章は平易な表現で書かれており、とても読みやすい。自己啓発、自己変革書のバイブルともいえる内容は、じぶん経済圏を構築するうえでの人間関係や仕組みづくりにおいてきっと役立つはずです。

経済圏構築のためのメニュー

▼タスク一覧表

あなたのじぶん経済圏の内容が、徐々に見えてきていると思います。中にはゴールまではっきり見えている、という人がいるかもしれませんが、経済圏をより具体的な形にするため、また、形にしたものをうまく運営していくための作業を進めていきましょう。

百人いれば、やりたいことは百通りあるでしょうから、個々のケースについて細かく説明することはできません。スケジュールも各自の事情、それぞれのスピード感で違ってくると思いますので、ここで「いつまでにこれをやって……」などと言う必要はないでしょう。

ただし、コンセプトを決定する、告知する、ルールをつくる……など、経済圏を構築するためにやらなければいけない基本項目があります。それらはできるだけこなしていく必要がありますので、**タスク一覧表**としてまとめてみました（表2）。

タスクがかなり多くありますから、越えるべきハードルが高いと感じてしまう人もいるかもしれません。しかしこれらを一つずつクリアしていけば、あなたの経済圏はしっかりと機能し始めるはずです。

中には、3万円を目標にしたレベル以上のミッションを要求していることもありますが、まずは動き出してみてください。やりながら修正していったほうがものごとが簡単に進む場合もあります。

毎週8時間ずつ、できれば3カ月以内のゴールを目指し、スケジュールや内容もあなた流にカスタマイズして、独自性がある面白い経済圏を構築されることを期待しています。

次章では、すでにじぶん経済圏をつくって順調に運営している皆さんにうかがったお話を掲載します。どのような経緯でつくり、どんな理念をもってどんな

表2 タスク一覧表

No.	タスク		CHECK
1	コンセプトを決める（8時間）		
2	カテゴリーを決める	モノ作り	
		コンテンツ系	
		場作り系	
3	じぶん経済圏の名称を決める	名称	
		サブタイトル	
4	ルールをつくる	やること	
		やらないこと	
5	プロフィールを作成する		
6	SNSを利用する	ツイッター	
		フェイスブック	
		LINE	
		メルマガ	
		ブログ	
		インスタグラム	
		YouTube	
7	ターゲットを考える	男性・女性	
		年齢	
		職業	
		学生	
		その他	
8	じぶん時間を確保する		
9	テレビを無為に見ない		
10	惰性でゲームをしない		
11	不要不急の支出をやめる		
12	ミニマム・ライフコストを把握		
13	ミニマム・ゴールを設定		
14	定時で帰宅		
15	専用口座をつくる		
16	他人経済圏でじぶん経済圏のお金を使わない		
17	本を読む		
18	PDCA（計画・実行・評価・改善）		

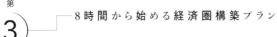

やり方を実践しているのか、参考にしてみてはいかがでしょう。経験者の話からは、「経済圏づくりはこうすべきだ」「ああしたほうがいい」などと教えられるよりも、はるかに得るものが多いと思います。

第4章

成功した5人から学ぶこと

——私はこうやって経済圏をつくり上げた

ここでは、実際に「じぶん経済圏」をつくりあげた5人をご紹介します。数万円規模の小さな経済圏から始めて、それを拡大することで成功に至っている方々です。Q&A形式で、過去の職業やじぶん経済圏をつくるに至った経緯、事業を継続する秘訣などを伺いました。ぜひ今後の活動の参考にしてみてください。

●主婦や子育ての枠を乗り越える

習慣マインドクリエイター

菊地若奈さん　山形県

起業ジャンル：専門家サービス業
名称：習慣マインドアカデミー
事業内容：起業家向け習慣マインドプログラム主宰
URL：https://wakanakikuchi.com/

①会社勤めのころのお仕事について、そのときの経済状況も併せて教えてください。

業界大手の卸売商社で15年間、法人営業に従事していました。当時は夫と同等の収入を得ていましたので、経済的な不満はありませんでした。ただ、非常に多忙で、子供が生まれた後は日常生活での時間的余裕が全くなく、子育てと仕事のプレッシャーから来る大きなストレスに悩んでいました。

②じぶん経済圏をつくるようになった経緯、きっかけは？

女性は、結婚や出産によってたとえ能力があっても働くことを断念したり、働く時間を制限したりする必要が生じることがあります。また、男性と同じようにがむしゃらに働いて、ストレスを抱え込んでしまうこともあります。私も仕事を断念することになりましたので、同じような状況の女性を応援したいという想いがありました。

商社を退職した後、放送大学などで心理学やストレスコントロールについて学び、ストレスケアカウンセラーとしての活動を始めました。自宅でカウンセリングを行いながら、知り合いが経営するカフェでストレスケアの講座を開催していました。そんなとき、地元の住宅メーカーさんから社員研修の講師の依頼をいただき、その研修にたまたまいらっしゃった同社の会長さんから、「あなたの話を聞いていると元気が湧いてくる。応援したくなる」と、言葉をかけていただいたのです。

会長さんとのお話の中で、「自宅とは別に場所を借りて、ストレスケアカウンセリングをしたいと考えています」と口にしたところ、「現在使用していない住宅展示場があるから、そこを使ったらいいよ」とおっしゃってくださいました。それがなんと、超豪華なモデルハウス。一軒まるごと貸していただき、しかも家賃は破格でした。自ら動くと、このような幸運が舞い込むことがあるのだな、と感じました。

そのモデルハウスで、ストレスケアプログラムを教える教室を開設しました。順調にいってはいましたが、しばらくすると、もともと持っていた「社会で活躍したいとがんばる女性を応援したい」という気持ちが強くなり、そのような女性に特化したオリジナルのプログラムをつくるため、ストレスケアの教室を閉じ、個人・企業コンサルタントの庄司誉幸さんに師事しました。その後、売上・集客・

起業などで望む成果が出せなくて苦しんでいる女性に特化した、楽々5ステップで続ける仕組みを身につけて理想の暮らしを叶えることができる「習慣マインドプログラム」をリリースし、現在に至ります。

③そのときの収入は？

波はありましたが、会社員時代と同じくらいの収入を得ていました。

④じぶん経済圏をつくった後、「続けていけそうだな」「生計がたちそうだな」と思えたのはどのようなときですか？

プログラムの受講生さんが望んでいた結果を出すことができたときに、この方向性で間違いない、間違ってないのだなと思えました。

⑤事業を飛躍（拡大）することができたきっかけは？

コンサルタントの庄司誉幸さん（152ページで紹介）と出会ったことです。私のそれまでの経験を生かして体系化することを教えてくださいました。庄司さんと出会う前に、高額な受講料を払って起業塾に参加したこともありましたが、挫折して結局モノにすることはできませんでしたので。

⑥事業運営に関するご自身のルールはありますか？

どのような状況に陥っても、決して諦めないことです。

⑦事業を継続する秘訣は？

習慣を味方につけることです。課題や目標に応じて設定したゴールを達成するために、ビジネス上でも生活上でも、良い習慣を身につけ、悪い習慣を止める。諦めないマインドや、知識やノウハウを生かす知力と体力は、習慣を土台にして積み上げていくものだと思っています。

⑧事業を続ける中でどのようなときに楽しさを感じますか？

受講生さんが成長している姿を見たときに、最高の幸せを感じます。。

⑨これから起業する人へ向けてのアドバイスをお願いします。

個人企業家が増えてきた現代の流れを見て、「江戸時代のようだな」と思うことがあります。江戸時代に様々な業種の商売が興り行商人や商人が活躍したように、現代も、一生活者として世の中を見渡し、自分ができることを基にしたアイデアで社会に貢献しようとする人たちがどんどん生まれているからです。

世の中には、会社という組織に所属していたら生かすことができない能力を持っている人がたくさんいます。子育てや介護、夫の転勤などによって会社で働くことを断念せざるを得なかった女性の中にも、能力を埋もれさせている人が多くいるはずです。中には、日々の生活で疲弊して余裕を失い、自分の能力はこの程度だ……と自信を失っている女性も多いのではないでしょうか。

いまはSNSやインターネットのツールを活用すれば、いくらでもビジネスのやりようがある時代です。自分で商機を見いだしてお金を稼いだ江戸時代の商人のように、自分だからこそできることをビジネスにして輝いてほしいと思います。

⑩コロナ禍のこの時代に、じぶん経済圏をつくってよかったと思うことは？

コロナがまん延する以前から、地方に住んでいることがハンディにならない働き方を目指し、オンラインのプログラムを展開してきました。ですので、コロナ禍の影響はまったくといっていいほど受けていません。自分自身、外出せずに完結できる働き方をできていることが、とてもありがたく感じています。

▼田口が解説！

・環境を諦めない

能力があるのに、結婚や出産で働くことを諦めるのは本当にもったいないこと。じぶん経済圏の仕組みをつくって軌道に乗せることができれば、働き方を自分に合わせることができます。置かれた環境で諦めてしまうのではなく、その逆境を強みにする姿勢がいい結果に結びついています。

・前に進むと出会いがある

会社の会長とコンサルタントの庄司さんとの出会いが大きな転機になっています。菊地さんが熱意を持って前進したからこそつくることができた人脈。前に進み続けることがいい出会いを生んでいきます。

・習慣を積み上げる

「習慣を味方につける」は重要な言葉だと思います。菊地さん自身、コンサルティングを着実に実践し、結果を出しています。やったりやらなかったりでは続かないことの方が多い。能動的な作業を習慣づけることで、効率的にじぶん経済圏を構築できます。

●自分の得意を仕事にする

スコーンドルフィン代表・自宅起業コンサルタント
根本好美さん　茨城県

起業ジャンル：菓子製造業
名称：スコーンドルフィン
事業内容：菓子の製造販売
URL：https://dolphin-st.com/

①会社勤めのころのお仕事について、そのときの経済状況も併せて教えてください。

大手企業の事務職でした。1985年ごろから1990年までの在職期間でしたので、バブル経済で社会が浮かれていた時期と重なります。設備投資に大きなお金が動いていた時代でした。大きな工場やビルの設備、プラントを建設する会社であり、当時はかなり業績を伸ばしていたと思います。私たち事務職もそれにあやかり、社内での社員の交流が盛んで、楽しい思いをしたことを覚えています。

②じぶん経済圏をつくるようになった経緯、きっかけは？

海外に住みたい気持ちが強くなり、会社を辞めてカナダに渡りました。そのときに「バナナブレッド」という焼き菓子のつくり方を覚え、得意料理になりました。1年間の滞在を経て帰国し、結婚して子供ができた後に、お友達の勧めでバナナブレッドをつくって販売したところ、連日完売したのです。家業の業績が低迷したため、そのお菓子が売れるようになれば家計を助けられると思い、がんばることにしました。

③そのときの収入は？

初月の売上は8万円ぐらいでした。材料代や経費を引くと、利益は家族の食費分ぐらいだったかと思います。

④じぶん経済圏をつくった後、「続けていけそうだな」「生計がたちそうだな」と思えたのはどのようなときですか？

安定してお取引先が増えたときです。月の収入があらかじめ読めるようになりました。また、店舗販売とインターネット販売も行っており、いくつかの販路を持つことで収入が安定してきました。

⑤事業を飛躍（拡大）することができたきっかけは？

自分が責任を負う範囲が、家族に迷惑をかけない程度であったことです。製菓学校へも行かず、お菓子の仕事をした経験もありませんでした。そのため、この仕事でどこまで行けるか分からず、大風呂敷を広げずに進めたのです。

結果を見てから徐々に生産量を増やし、自社の価値を高めていきました。他に同種の店舗がなく、また大量生産・大量消費ではない商品だったので、価格競争に巻き込まれずに質にこだわることができ、オリジナリティも確保できました。また自宅での起業でしたので、家賃・通勤・光熱費の出費が節約でき、経費を安く済ますことができたことも大きかったです。

⑥事業運営に関するご自身のルールはありますか？

・大風呂敷を広げずに、自分ができる範囲を知ること。
・無謀な賭けに出ず、売上よりも利益を重視すること。
・お客さんと家族と自分の、三方が幸せであるかを見ながら進むこと。

⑦事業を継続する秘訣は？

人にも、物にも、さまざまな出来事にも、感謝の気持ちを持つことです。

⑧事業を続ける中でどのようなときに楽しさを感じますか？

自分が予測していたことよりもずっと素敵な成果を得たときです。無理のない範囲で予算を立てて運営していますが、それを超える結果が出るとうれしくなります。

⑨これから起業する人へ向けてのアドバイスをお願いします。

我慢をしてやりたいことを諦めるのはよくないと思います。「人生100年時代」において、起業することは、選択肢として自分らしく生きられる方法の一つです。あなたが提供しようとしている商材が誰かが必要としている物であれば、ビジネスとして有効になると思います。

起業は、好きな商材に囲まれているだけではなく、その商材に関わるいろいろなことを含めて、事業を切り盛りすることです。好奇心や冒険心のある方にお勧めします！

⑩コロナ禍のこの時代に、じぶん経済圏をつくってよかったと思うことは？

安心安全な生活が十分に保てない時代になりました。他者ではなく、自分が主体となって堅実に仕事をする。夫だけが収入を得るという時代ではありませんし、女性も自分のやりたいことをやっていい時代です。その中で、自立して生きていく力を持つことは大きな安心材料となります。よく、「手に職を付ける」と言いますが、自分自身の足で立って生きていける「力」を持つことは、このコロナ禍においてはとても必要なことだと思います。また、その姿を子供たちが見ていてます。厳しい時代を生き抜く術を、次の世代につなげていけてよかったと感じています。

▼田口が解説！

・継続が力になる

家族の食費分ほどの利益から始まり、取引先や販路を増やして安定した収入へ。無謀な賭けに出ることなく自分ができる範囲の取り組みを継続し、徐々に事業の価値を高めたことが、しっかりと自分の足で立つ力につながっています。

・得意を信じる

自分の得意なことを信じて継続する、ということは非常に大事なことですね。得意なこと、好きなことは、やらされている感覚を持たずに能動的に作業ができる。得意なことや好きなことでじぶん経済圏をつくることは、効率的にも大きなプラスになります。

・関わる人と自分の幸せを考える

お客さんや家族のことを考えながら、常に自分が責任を果たせる範囲で活動し、経済圏を少しずつ大きくしていった点が大きなポイントですね。お客さんや家族の幸せに加え、自分が幸せを感じるかということもとても大事なことです。

●まず始めてみる。そこから考える

編集者・出版エージェント会社代表取締役
城村典子さん 東京都

起業ジャンル：出版エージェント事業
名称：株式会社 J.Discover
URL：https://jdiscover.jp/

①会社勤めのころのお仕事について、そのときの経済状況も併せて教えてください。

出版社に勤める編集者でした。2011年に母の病気が続いたことから、2012年に退職しました。勤める出版社が変化を始めていた時期で、所属部署で新しい書籍のシリーズを立ち上げていた渦中に、編集長を務めていました。当時は出版業界全体で売上は右肩下がり。本の売り方について工夫を求められていた時期でした。母の看病という理由のほかに、会社という枠組みにとどまらず出版業界でどのような本の売り方をしていけばいいのかという点に関心があったこと、シリーズのラインナップの目処がついたこともあり、退職を決意しました。

②じぶん経済圏をつくるようになった経緯、きっかけは？

もともとお金は自分で稼ぐもの、という意識があったので、「安定した収入」を求めた記憶はありません。アウトプットしたものに価値がなければお金はいただけない。だから、常に価値を見出さないといけない、という意識で仕事をしてきました。編集者だったからこそ身についたことかもしれません。

独立する際には、何かしらのアテをつくっておく必要があるかと思います。私もそうしようと思ってはいましたが、編集長の仕事が忙しく、とてもできませんでした。最後は、「今しかない」と退路を断つという方法で退職をしました。

思い返せば最初は大変でしたが、時間はたっぷりあったので、いろいろな実験をしました。会社の顧問や、契約の仕事の依頼も受けられましたので、それをベースに、自分のセミナーなどのコンテンツ制作と、それを販売する実験をしました。最初に自分の商品を買っていただいたのは、２日間のセミナーを開催したときだったと思います。

した。

③そのときの収入は？

参加費4万円の2日間のセミナーを何度か実施し、毎回3～4人集めるほどでした。

④じぶん経済圏をつくった後、「続けていけそうだな」「生計がたちそうだな」と思えたのはどのようなときですか？

退職したときから、これで食べていくのだと思っていました。一方、私の人生の中においても、「これで大丈夫」という感覚を持ったことは一度もありません。いつも当たり前に食べていくのは大変だと思っていますし、常に成長と向上の意識、緊張感を持つ必要があると思っています。

⑤事業を飛躍（拡大）することができたきっかけは？

事業は、何かのきっかけでグーンと伸びるというより、絶えず成長させることを企んでいます。私は、「幸せな著者を育てる」ことがイコール「出版業界を豊かにする」、つまり「面白い本が増える」という信条で仕事をしています。

人類は大昔から、後世に伝えたい思いを壁画などに残すことで、文化を伝承してきました。私たちが生きる現代はすべて、先人の文化を継がせてもらった上で成り立っています。ですので、私たちには後世に自分たちの培ったことを伝える義務があると思っています。そういった中で、「本を出してみたい人」の才能を私が引き出せるか出せないかで、人類の資産が一つ増やせるか増やせないかが決まる、という意識で仕事をしてきました。機会を増やして結果を出すために、自社の努力は足りているのかと自省する意識、いつも技術の向上を目指して挑戦を続ける意識を持っていることが成長できた要因だと思います。

⑥事業運営に関するご自身のルールはありますか？

・自分と関わった人の幸せを全力で考える。著者も版元も、当然スタッフもパートナーも、誰かが不幸では自分の幸せは成り立ちません。良い出会いがあれば、渦中の栗も進んでひろいます。

・まず動く。やってみなければ、結果はわかりません。脈がなかったら撤退します。

・たねをまく。昔まいたたねが、思わぬ花を開かせることもあります。

・向上し続ける、考え続ける。
・目先の儲けより、信条を優先する。

⑦事業を継続する秘訣は?

刺激を絶やさないこと、常に未来を考えることです。勉強を止めず、課題を見過ごさず、向上をあきらめない。刺激は常に自分を成長させてくれるものです。また、未来を考えると時代が味方をしてくれます。流れは止められないのでそれに乗る。ただし自分の気持ちに妥協しないことも大切です。正解は自分の中にしかありませんので、自分の感覚にはとことん付き合ってあげます。

⑧事業を続ける中でどのようなときに楽しさを感じますか?

毎日に楽しさを感じています。様々な知見を持った著者たちの、本になる前の話を聞けますし、その企画に自分が好きなように関われるのも、本が出版されて著者がどんどん変わって成長するのを見るのも楽しいです。

また、課題に直面したときや、成長を感じるときにも楽しさを感じます。たとえ課題がやってきた時でも、問題や困難が発生すると緊張して集中力が高まりますし、それをクリアすると新しい感覚が育っています。昔の自分は未熟で昨日の自分も恥ずかしいくらいですが、そういった進化を感じられることは非常に楽しいことですね。

⑨これから起業する人へ向けてのアドバイスをお願いします。

起業は生きることとイコールだと思います。こんなに楽しいことはありません。もし起業が怖いという気持ちがあるとしたら、それは経験がないからだと思います。まずは、小さくてもいいので、じぶん経済圏をつくる。これが一番です。私は、1000人以上の著者を見てきましたが、著者の成功事例はバラバラで同じものはありません。起業もそうだと思います。人はあくまで参考であり、自分の答えは自分で見つける。正解は自分の中にあるのだと思います。

事業はまずは、足し算と引き算ができればスタートできます。支出が収入を上回らないということだけに気を付ける。それを毎月やっていれば、いやでもセンスが身につきます。ルーチンができたら、あとはレバレッジの掛け算、そう考えればよいのではないでしょうか。

⑩コロナ禍のこの時代に、じぶん経済圏をつくってよかったと思うことは？

コロナに限らず、今の大変化の時代に、自分で自分に責任を持って意思決定できること。これほどストレスのない生き方はありません。自分で道を拓いて、自分でモデルをつくり成長させて、次の世代に手渡す。次の世代がまた時代に合わせたモデルに変化させる。そんな時代だと思います。

私の3人目の孫は2020年4月7日の緊急事態宣言が発令された日に生まれました。里帰り出産の娘と一緒に過ごすことができたのは自社のスタッフのおかげですが、じぶん経済圏のモデルがあったからこそできたことです。

▼田口が解説！

・実験から切り開く

やってみなければ結果は分からないとまず動く姿勢は、非常に参考にしたいところです。様々な実験から始めて、脈がなければ撤退するというバイタリティの高さ、フットワークの軽さが良い結果を引き寄せていますね。

・刺激を求め続ける

問題や困難も楽しみながら成長につなげる意識、勉強を止めず未来を見続ける向上心の高さがすばらしいですね。高い向上心を持ち続けるということは、実はなかなか難しいことです。何事も楽しみながらできているからこそ、実現できているのではないでしょうか。

・自分の信条を大切に

自分の信条を大切にすることは、経済圏を長続きさせるためにも大切なことです。これだけは譲れないという「じぶんルール」は、一つの指標としてこの先の自分を導いてくれます。城村さんはしっかりとしたルールをもっており、それがさらなる成長につながっています。

●答えはクライアントが持っている

選ばれる仕事をつくる専門家

庄司誉幸さん　宮城県

起業ジャンル：専門家サービス業

名称：株式会社Academia Links
事業内容：Web・グラフィック広告制作事業、コンサルティング事業、講師向け〝ビジョンブランディングアカデミー〟主宰
URL：https://academia-links.co.jp/

①会社勤めのころのお仕事について、そのときの経済状況も併せて教えてください。

電気設備の製造業で、品質検査員をしていました。経済的には安月給で、そのうえ休日もあまりありませんでした。

②じぶん経済圏をつくるようになった経緯、きっかけは？

安い給料でしたので、株式投資やFXでお金を増やそうと思い、投資の勉強を始めました。最初はうまくいきませんでしたが、徐々にコツをつかみ、最終的には50万円の資金を300万円まで増やすことができました。そのノウハウをセミナーで紹介して受講者の皆さんと共有させていただくことで、講師としての収入を得ることができました。

③そのときの収入は？

会社の給料に加え、月5万円前後の収入でした。

④じぶん経済圏をつくった後、「続けていけそうだな」「生計がたちそうだな」と思えたのはどのようなときですか？

自分の経験や知識が誰かの役に立つ！　と思った時と、自分オリジナルのサービスがつくれた時です。同業他社がたくさんある中で、お客様に選ばれるサービスをつくって差別化を図らなければいけません。苦労を経た時期もありましたが、試行錯誤する中でそういったサービスを見つけてクライアントと一緒につくり上げることができた時に、そう思えました。

⑤事業を飛躍（拡大）することができたきっかけは？

現状に満足することなく、常に成長思考を忘れないこと。妥協することなく、もっとよくできないだろうか？　という向上心を常に持ってクライアントと接することです。

⑦事業を継続する秘訣は？

もちろん、サービス内容の良し悪しもありますが、人脈の構築と信用を築くことが重要な要素だと思います。

⑧事業を続ける中でどのようなときに楽しさを感じますか？

クライアントの望む結果を出すことができた際、クライアントと喜びを共有できるときに楽しさを感じます。

⑨これから起業する人へ向けてのアドバイスをお願いします。

起業は大変だとか、開業したとしても数年後にはそのうちの数%しか生き残れないだとか、起業に関する悲観的な情報が多く溢れています。しかし逆に、起業しなければ得られないさまざまな豊かさもあります。この場合の「豊かさ」とは、失敗や悲観的なことをすべて含んだうえで得られるものです。人生において大切なことを、起業を通じて学ぶことができるのです。

⑩コロナ禍のこの時代に、じぶん経済圏をつくってよかったと思うことは？

オンライン対応のビジネスモデルを構築していたことで、コロナの影響はほぼ皆無の状態です。今後はさらに収益を伸ばせる見込みです。

▼田口が解説！

・コンテンツは試行錯誤

コンテンツはつくって終わりではありません。完璧を求めるより、お客さんの反応を見ながらニーズに合わせて進化させていく。苦労したとしても、それが強みに変わるときが来ます。試行錯誤しながらも続けることで得られるものがあります。

・小さなモデルが金を生む木に

低単価で単発モデルのサービスから、高単価で長期契約のサービスへ発展できたことが飛躍への大きな契機になったとのこと。ビジネスやお金に対する意識を変化させたことで、小さなモデルからより効率的に収入を得るサービスへと、経済圏を進化させることができています。

・成長思考を忘れない

常に成長思考を忘れない、という姿勢は大切です。起業したことで得られる豊かさのお話も意義深いものでした。どんな失敗や悲観的なことを経験したとしても、先を見据えて続けて乗り越えていく。そういった苦労や試行錯誤の時期を経たことで得られたものが、庄司さんの大きな強みになっています。

●人付き合いも大きな武器に

代表取締役
小嶋款《まこと》さん　東京都

起業ジャンル：情報サービス業
名称：株式会社ニーズコネクト
事業内容：統計心理学を使ったセミナー事業・顧問業務
URL：http://neecone.com/

①会社勤めのころのお仕事について、そのときの経済状況も併せて教えてくださ

い。

通信関連のコールセンターで、オペレーターさんたちの管理業務を担当していました。最初は時給900円のアルバイトから始め、やがて社員になり、コールセンターの支店長を任せていただくまでになりました。社宅に住んでおりましたし、私が勤めていた関西支店が一からの立ち上げだったことで、賞与などで予想以上の評価をいただきましたので、その当時は散財しておりました（笑）。

②じぶん経済圏をつくるようになった経緯、きっかけは？

今から10年くらい前に、自前で経営者交流会を立ち上げました。当時はミクシィやアメーバブログの隆盛期で、ツイッターの日本語版サービスが始まったころ。それぞれのSNSの読者やフォロワー数を、朝まで徹夜で目をこすりながら、必死に増やしていたのを覚えています。私には得意なものがなかったので、まずはオンライン上のつながりの数で勝負。それをリアルのやりとりにつなげて、経営者様、決裁者様のニーズを引き出してお応えし、喜んでいただくことを優先して動いていました。

③そのときの収入は？

交流会参加費、コンサルフィーなどで月25万～30万円でしょうか。生きていくのに精一杯というところでした。

④じぶん経済圏をつくった後、「続けていけそうだな」「生計がたちそうだな」と思えたのはどのようなときですか？

起業して1年後くらいのことですが、対応に喜んでくださったクライアントが、私のことをブログやフェイスブックなどでご紹介記事にして取り上げてくださいました。不特定多数の方に向けてご紹介いただくということは、私のことを信用、さらに信頼してくださり、多くの方へご縁をおつなぎいただいたのだと感じています。

⑤事業を飛躍（拡大）することができたきっかけは？

歯科医院様や法人様で年間契約をいただきはじめてからです。やはり大きなお金が動きますし、それぞれのご予算に基づいて提案した経営戦略や社内スタッフ採用・教育、エンドユーザーへのキャンペーン立案などをイメージしていただく、成果を体感して喜んでいただく、そしてそれがさらなるご紹介につながる、というスパイラルで進めさせていただいております。

⑥事業運営に関するご自身のルールはありますか？

もちろんリスクも考えながらですが、いまの時代はハイリスク・ハイリターンでも、ローリスク・ローリターンでもなく、ロングリターンが得られるかどうかで判断します。共済事業の立ち上げなどにも関わっておりますが、このご時世ですからサブスクリプションサービスなど、いかに価値を積み上げ続けられるかがポイントだと考えています。

⑦事業を継続する秘訣は？

応援していただけるファンや仲間がどれだけいるかでしょうか。数も大事ですが、そのような大切な方々に信用、信頼され、ご紹介いただけるスパイラルをつくることができるか、が鍵になると考えます。

⑧事業を続ける中でどのようなときに楽しさを感じますか？

アイデアを具現化し、形にして結果を出せたときですね。顧問業、コンサル業をしておりますと、なかなか結果が形として表れることはないのですが、影となり、参謀役として戦略を練ることで、前線で業務にあたる方たちが評価され、活躍されるということが一番うれしいことです。

⑨これから起業する人へ向けてのアドバイスをお願いします。

コロナだから、忙しいから、お金がないからなどの理由で、いまの自分にストップをかける方もいます。しかし、見方を変えればそれらの理由はすべて、やる理由になり得ます。コロナだからこそチャレンジ、忙しいからこそ忙しくない人生を生きるためにチャレンジ、お金がない人生にピリオドを打つためにチャレンジ。そういうことです。リスクと正しく向き合うのは大事ですが、一度きりの人生です。トライ&エラーで進むほうが、何もせず失敗しなかった人生より楽しかったと、死ぬときに言えるはずです。

⑩コロナ禍のこの時代に、じぶん経済圏をつくってよかったと思うことは？

経営者交流会からのスタートでしたが、人脈（仲間）、情報、環境という点で進化しながら、お客様、クライアント、ビジネスパートナー、ファン、応援いただける方などたくさんの方々とのご縁をいただき、助けていただいております。コロナを乗り切るためにも、皆様に感動・感激・感謝していただけるために私ができることは、目の前にいる方にとって少しでもプラスになれる存在であることだと思っています。

▼田口が解説！

・得意じゃなくても強みがある

自分には得意がないとおっしゃっていますが、人とつながること、人をつなげられることが強みなのですね。それを最大限生かしてコミュニティをつくって、挑戦と継続を積み上げて進化させています。

・人がチャンスを持ってくる

クライアントやビジネスパートナーとのご縁を、さらなる出会いにつなげています。常にクライアントのことを考えている仕事ぶりが紹介の輪を広げ、良いスパイラルを生んでいるのでしょう。ＳＮＳを最大限活用してチャンスを広げている点も真似したいところです。

・ネガティブ要素をやる理由に変える

ネガティブなイメージをすべて「やる理由」に変える小嶋さん。このダイナミックさを、読者の皆さんにも参考にしていただきたいですね。トライ&エラーを行わずに成功した人はいません。すべてはチャレンジから始まります。

＊＊＊

いかがでしたでしょうか。5人の方々のお話を読んで、少しでもやってみようという気持ちになってもらえたらうれしいですね。

皆さんに共通していることは、経済圏を無理に拡大していないところ。小さくとも自分の価値観や考え方、コンセプトに一致する仲間との範囲で始めて、旗印をしっかり立ててから、マインドに共感してくれる人に仲間になってもらい、輪を広げています。

また、ブラッシュアップしてそこで終わりではなく、さらに良いものをつくり上げていくという心意気も共通しています。変化を経て今がある。苦労や壁があったとしても、変化することを恐れず継続する、ということが道を開くのです。

じぶん経済圏をつくるのに、初期投資は必要ありません。高機能のパソコンやタブレットが必要な訳でもなく、スマートフォン一つから始められます。たとえ携帯電話がガラケーだったとしても、パソコンを持っていなくても、諦めないでください。今は安いパソコンが3万円ほどで手に入りますので、そんなに高い投資ではありません。Webにつなぐことさえできればよく、自宅にインターネット環境がなければマクドナルドに行けばいい。全国のマクドナルドではフリーWi-Fiが利用できます。そのほかにもカフェなど、Wi-Fiにつなげられる場所は、探せば全国にたくさんあります。どこからでも事業を始められる、現代はそんな環境にあるのです。

今のコロナ禍は追い風です。自粛で自宅ごもりを余儀なくされ、オンラインでの作業が増えたことで、多くの人がオンラインのシステムに慣れることができました。オンラインのシステムを使うことができれば、物理的な距離の壁はなくなります。じぶん経済圏がよりつくりやすくなったといえます。住んでいる場所や年齢は関係ない。初期投資もかからない。まずは小さいところから、じぶん経済圏をつくってみませんか。

第5章

あなたの未来の芽となる3万円の使い方

——お金を生み出していくお金

混ぜるな、危険！
3万円を消費に使わない

▼自分の経済圏に還元

経済圏をつくり始めて2〜3カ月。そろそろ、最初の目標の3万円を手にしている人もいるころかもしれません。中には、予想以上にうまく進んで、ひと月ほどで収入を得た人もいるでしょうか。

この3万円、あなたはどう使おうと考えていますか？

「このところ赤字気味なので、スマホ代に回したい」などという人もいるでしょう。家計の状況によってはそれも仕方ありませんが、じぶん経済圏から生み出されたお金は、できるだけじぶん経済圏の中で使っていくようにするといいでしょう。

これを消費に回さなくてもすむように、ふだんからできるだけ生活コスト（固定費）を減らしておくことが大切です。第1章でも触れたとおり、ムダを省いてコストを抑えるようにすると、何かあっても不安は最小ですみます。また、サラリーで賄っている生活費や小遣いの赤字補填《ほてん》のような使い方もなくなるはずです。

会社や他人の経済圏ではなく、じぶん時間を積み重ねて得た成果は、ふだんの生活費の一部として使うより、自分の経済圏に還元していくことです。

ただし意識していないと、会社からのサラリーに副業としてじぶん経済圏で得た収入を足して使ってしまいそうですが、これは、〝**混ぜるな、危険！**〟です（図5）。安易に一緒にしないようにしましょう。

まあ、サラリーからの3万円もじぶん経済圏で生んだ3万円も、3万円であることは変わりないのですが、**経済圏で得るお金は性質が違うもの**と認識しておいてください。じぶん経済圏のお金は、ふだん消費するお金とは異なり、**お金を生み出していくお金**なのです。

それを意識していられるように、また、一緒にして混ぜてしまわないようにするために、財布を分けておくというのも、一つのアイデアかもしれません。

あるいは、経済圏が形になってきたら、じぶん経済圏の口座をつくって、会社から振り込まれるサラリーと混ざらないようにするのもいいでしょう。一緒の口座ですと、振り込み元が違うだけで、金額も、お金に対する認識もごちゃごちゃに混ざってしまいますから。

そういえば「じぶん銀行」などというインターネット銀行もありましたが、どこでもかまわないので、ネット銀行でじぶん経済圏専用の口座を開設することをお勧めします。

- **じぶん経済圏の収入とサラリーを分ける**
- **お金を生み出すお金**

図5 混ぜるな、危険

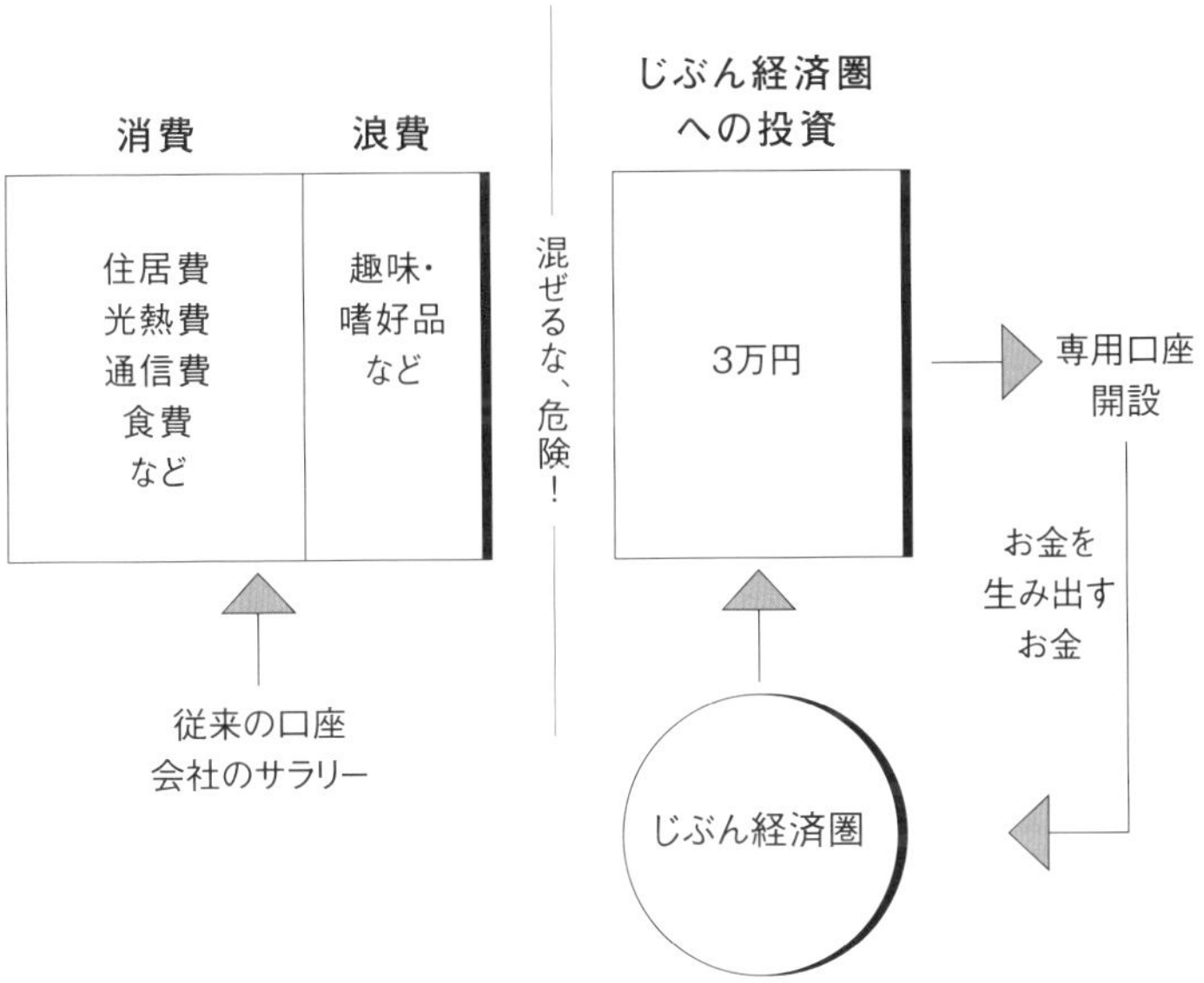
消費
浪費
住居費
光熱費
通信費
食費
など
趣味・
嗜好品
など
混ぜるな、危険!
じぶん経済圏
への投資
3万円
専用口座
開設
お金を
生み出す
お金
従来の口座
会社のサラリー
じぶん経済圏

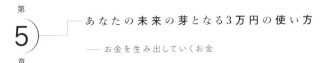

「じぶん経済圏」への投資

▼3万円の使い方

じぶん経済圏で得られた収入は、経済圏のために使うようにします。経済圏を大きくする、仕組みの拡張、Webサイトの充実などの資金にするといいでしょう。

どのように使うかは、経済圏をつくったあなた自身が決めなければいけません。第2章で「一国一城の主」と書きましたが、自分の裁量で、いいと思ったところに使っていけばいいのですが、3万円の使い方はとても重要です。たとえば、ここに使えば経済圏がこうなるだろうとか、かたちが整ってきたら、次はこれをやれば効果が上がりそう、などと仮説を立てて、繰り返していくことになります。

使い方に迷ったときには、経済圏の中の人に聞いてみるのもありだと思います。今月これだけの収入があったので、それをこういう使い方に充てたいと考えているけれど、どう思う？　と、他者の意見に耳を傾けるのもよいでしょう。

ただし、誰かに聞いたからといって必ずしもそれに従う必要はなく、最終的に決めるのは一国の城主であるあなた自身です。

また、月3万円を得たとしても、それをまとめておいて、いくらになったら○○○をやろう、というのもいいでしょう。例えば3カ月ぶんをまとめて、10万円近くになれば、可能性もいろいろ広がります。

いずれにしろ、使うのならじぶん経済圏のために使うことが重要です。

例えば、経済圏をもっと多くの人に知ってもらうために使う。広報など、経済圏を広める活動のできる人が経済圏の中にいれば、わざわざ外の人に頼まなくても、中にいる人に活動の費用を払ってやってもらうのもいいでしょう。それが3万円なのか、10万円なのかはわかりませんが、それも一つの使い道、**じぶん経済圏への投資**になります。

また、経済圏の拡大のためだけでなく、経済圏自体の充実や活性化、中の人たちの満足度を高めるために使う、というのも有意義です。この場合は、そこの人たちにどういうことをやってもらいたいか、何をすればそのコミュニティがより魅力的になるか、などを聞いてみるといいでしょう。もちろん、決定するのはあなたをおいてほかにありません。

ちょっとお金が集まったからといって安易に使ってしまっては、経済圏の成長は遠のきます。いまはミニマム・ゴールの3万円を前提にした話ですので、これで生活していくというわけにはいきませんから、かえって使い方はしっかり意識を持って決められるのではないかと思います。今後のためにも、経済圏で得た収入の使い方の訓練としては、ちょうどよいでしょう。小さいお金をどう使うかを考えるのも面白いものです。

経済圏が大きくなって、30万円あるいはそれ以上の収入になってくると、自分の生活に充ててしまうということも起こりがちです。

しかし、30万円を得て消費支出として使った場合と、じぶん経済圏のために使った場合とでは、自分の、また経済圏の将来がどうなっていくかは、想像に難くはないでしょう。

一時的に欲しいものを買って、そのときはテンションが上がっても、自己満足で終わってしまうだけです。じぶん経済圏へ投資することは、自分がどこにどう使うかを決められるわけですから、他者依存の金融の投資をするよりもずっといいと思います。

経済圏の人たちの満足度が高くなったり、告知や広告の効果によって多くの人に知ってもらうことで経済圏が成長できれば、収入も確実に増やせるはずです。

・じぶん経済圏へ投資する
・投資の用途を考える

「他人経済圏」で生きる消費者、「じぶん経済圏」で生きる生産者

▼どちらの将来が明るい？

じぶん経済圏で生み出された3万円。例えばこれでクレジット代を払ったり、

自分の服を買ってしまったりして消費するというのは、当たり前ですが使ってなくなるということです。文字どおり、お金が消えてしまいます。もう戻ってくることはありません。

一方、消費と同じように目の前の3万円はなくなりますが、使った金額よりも**さらに多くなって返ってくるのが投資**です。いったんは使ったお金が、より大きな価値を生み出すのです。

投資を行うには勇気がいります。しかし、**消費する人と生み出す人**、どちらの将来が明るいでしょうか。いうまでもなく、消費するだけでは先々の不安レベルは高まっていく一方でしょう。

自分で経済圏をつくって、その中で価値を生み出している人は、**生産者**でもあります（図6）。モノづくりをする人はもちろん、自分のコンテンツなどをベースにお金を生み出すことができ、それを投資することによって、さらに大きくしていく生産者です。

生産というのは、例えば、画材を手に入れて絵を描くこと。単なる画材だったものが、絵を描くことによって、人々の心を動かすような価値を生み出すことが

図6

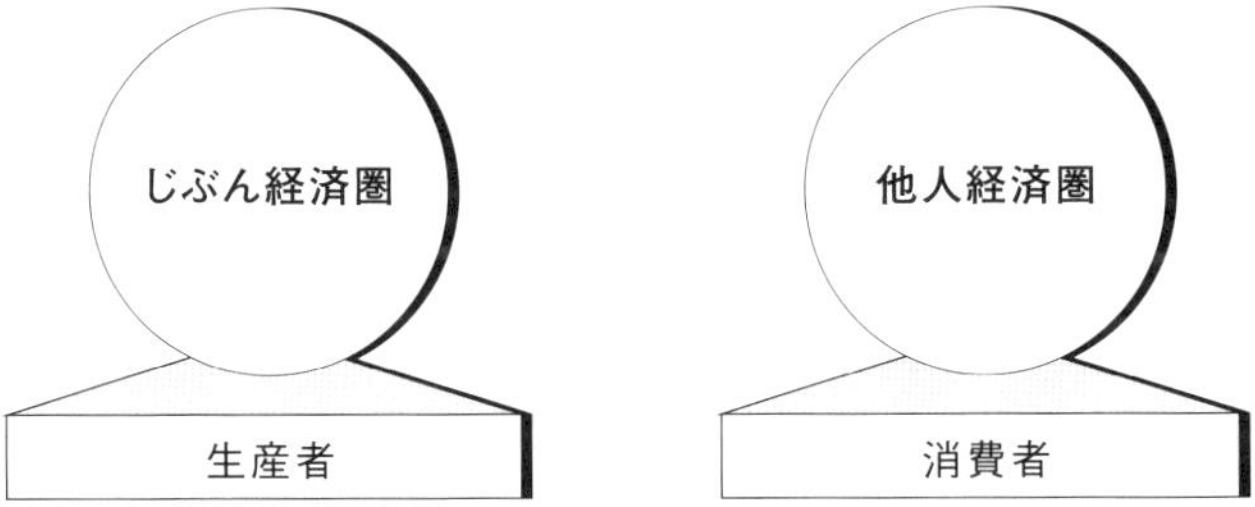

できるわけです。

生産者というと第一次産業の仕事が思い浮かびますが、それだけではありません。新しい価値を創出する人、クリエイティビティを発揮する人も生産者です。これからの社会で必要とされるのは、第一次産業の担い手とともに、なんらかの新しい価値を生み出す人です。

かたや他人経済圏でお金を使う一方の消費者は、モノもサービスも受け取るだけ。自ら生み出すということがないので、いざというときにリスクが高くなります。

「じぶん経済圏」で生きる生産者になるか、「他人経済圏」で生きる消費者になるか。将来を見据えた場合、どちらを選択するかは明らかだと思います。

・じぶん経済圏でのあなたは生産者

費用対効果を優先する

▼「考える時間」こそ大切

経済圏のためにお金を使う、投資をするという場合に、**費用対効果**＊14を考えることがとても重要です。

費用対効果というのはもちろん、その費用をかけることで、どれくらいの効果があるのかということですね。何の効果も得られそうもないことに、誰も費用をかけたりはしないのが普通です。

基本は等価交換ですから、3万円なら3万円分の価値のものと交換できるはずなのですが、投資としては、3万円を使ってより大きな効果が得られることが望ましいわけです。

例えば、じぶん経済圏により多くの人を巻き込みたいのか、それとも、いまいる人たちの満足度を上げることを優先すべきか。

いまの状況ではどちらが効果が高いかを考えましょう。今回は自分のコミュニティにいる人たちの満足度を高めたほうが効果的だから、そのために○○をやろう、というようなことです。

あるいは、今回は人を増やすほうにちょっとお金を使ってみようということもあるわけです。そして、人を増やすために使うなら、何がいちばん効果が高いかを考えてお金を使う。投資とはそういう考え方ですね。

第4章で紹介した事例の中でも、経済圏でお金をどう使っているかというのは、人によって本当にさまざまです。その人その人で特徴があり、各人の考え方がよく出てくるところかもしれません。また、お金の使い道は、経済圏の中で扱っているものによっても変わってくるはずです。

3万円の使い道を考えましょう。特に、費用対効果を考慮することが大切ですが、じぶん経済圏のために使うじぶん時間の中でも、考える時間というのは欠かせないものです。

作業をするだけでもダメだし、考えるだけでも不十分。考えたことを作業によって実行し、作業したことに対し、また考える。やりっぱなしはよくありません。やったものに対して検証し、考えて、また作業するということを順にやっていく必要があります。よくいわれる「PDCAサイクル」(Plan=計画、Do=実行、Check=評価、Action=改善、のサイクル)に近いかもしれません。

プランは仮説で考え、いちばん費用対効果が高いのはどれかを検討する。最初は答えが出ないものですが、自分なりに検討したうえで、いまはこれが効果がある、と判断してやってみる。そして、やってみて実際はどうだったかを検証して、また考える。こういった作業の繰り返しなのだろうと思います。

こういうことを試していくのに、3万円という額はちょうどいいのではないでしょうか。ただし、どうしても3万円ではできないこともあると思います。それは前述したとおり、10万円が必要ということであれば、3カ月くらいためてからやってみるというのもいいと思います。

とにかく、小さく試すということが大切です。今は、会社からのサラリーという土台があるので、さらに3万円を稼いで、それを使って実験していってください。

ここがうまく回せないのでは、さらに大きいお金を回すのは難しいかもしれません。3万円、また少しまとめて10万円、15万円。このくらいの金額だと、ちょうどよい練習になるでしょう。

金額は小さいですが、入ってきたお金を使って、それがまた戻ってきて増えて……と、お金を回しているのを実感しながら体験できると思います。

- **・費用対効果を考える**
- **・小さく試す**

＊14　費用対効果――商品の開発や販売、あるいはシステムの導入などを行ううえで費用をかけたことに対して、どの程度の効果（成果）があるのかを表す指標。

お金を運用する

▼モノからコトへ

このように、少額でもお金を回すという体験をしているうちに、**事業主**の感覚と、**投資家**的な発想が一緒に身についてきます。

投資家というのは、株を買って、その投資した株の値が上がって儲ける。本書が推奨するのはそのような運用とは違うのですが、発想としては、自分が使ったことでお金がなくなるのではなく、さらに生まれてくるということ、お金を生み出すところにお金を使うという運用や投資に近い発想だと思います。

前述したように、じぶん経済圏を大きくするために、人にしろ広告にしろ、モノでないものにお金を使うというのは、株などにお金を使うのに似ているのではないでしょうか（ただし、株式投資は他人経済圏です）。

経済圏のために……とはいっても、モノを買ってしまえばそれで終わり。モノは目に見えるのでわかりやすいのですが、消費に近いお金の使い方といえます。人や広告など、目に見えないものに価値を感じて、そこにお金を投じることができるかどうか。それが、投資家的な発想ができるかどうかということになります。

近年は、モノからコトへ、という風潮がさらに進んできているようです。特に、若い人たちは、モノに対するこだわりが上の世代よりも弱まっている印象があります。給与水準の問題もありますが、以前のように、モノを際限なく集めたり、より高価なモノ、高性能なモノを求める人が減っているようです。

そのうえで今回のコロナ禍の影響もあり、コトや見えないもの、あるいは時間を大事にしたいという機運は、より高まってきているのではないでしょうか。

- **事業主の感覚と投資家的な発想を身につける**
- **モノからコトへ**

3 万円を元手にして経済圏を広げる方法

▼コンテンツの質とアタック件数

本書の目的はじぶん経済圏でまずは3万円という種火をつくることにあります。とはいえ、それがうまくいき、面白さを感じれば、徐々に経済圏を大きくしていきたくなるはずです。

実際には、大きくしたいと考えなくても、そのときどきの適切な情報を発信し、正しいサービスや商品を提供していけば、経済圏は自然に広がっていくものです。無理な施策などを打たなくてもいいはずなのです。

集客するために、お金をかけていきなりネット広告を利用する人がいますが、正しいサービスを提供できる基盤をつくったうえでしっかり計画を立て、言葉を選び、周到に準備して行わなければ成果は上がりません。

中には、別に拡大などしなくてもいい、現状のままでいい、という人もいるでしょう。しかし現状維持もまた難しく、新しいことをせずにアップデートしないでいると、売り上げは落ち、仕組みが徐々に縮小していくのが常です。なぜなら、あなたを取り囲む外部が常に動いているからです。人の気持ちや指向もそれに影響を受けて日々変わっていきます。

しかし、もし経済圏が広がっていかないとしたら、それは何か問題があるからと考えられます。

例えば、経済圏で提供しているサービスやコンテンツ、商品などに十分に満足しているお客さんの数が少ないのかもしれません。お客さんの満足度が低ければ、規模を拡大することは望めないでしょう。

そもそも声をかけている人数が十分ではないのかもしれません。当然ながら、100人に声をかけた場合と、1000人、あるいは1万人に声をかけた場合とでは、結果はまったく違ってきます。広げたいと思っていても、声をかけなければ広がりません。声がけは重要です。

経済圏を再点検してみてください。あるいはあらためてコアメンバーの声を聞いてみましょう。

自分が正しいサービスや商品を提供しているかを再考するとき、それらを自分の大切な人、家族にも勧められるかを基準にしてみてください。そこで躊躇するようであれば、「正しい」とはいえません。

営業の成果を左右するのは、コンテンツの質とアタック件数になります。成果を上げたいなら、コンテンツの質を上げて満足度を上げるか、できるだけ多く声をかけてお客さんを増やすことです。

そして、営業に欠かせないのはお客さんの名簿です。できれば、常連のお客さんの名前や連絡方法、購入記録を把握しておくといいでしょう。新製品情報の告知やセールなどのイベントの際に活用できます。

このシンプルな定理を押さえ、それを意識して自然にやっていけば、成果は必ず上がります。あとは、気持ちよく続ければよいのです。これをきちんと意識して運用すれば、望んでいるステージへ徐々に近づいていくはずです。

- **・正しいサービスや商品を提供すれば経済圏は広がる**
- **・経済圏を再点検する**
- **・コンテンツの質とアタック件数**

第6章

地球に生きるものすべてが経済圏をつくって生きる

——人間は楽しく生きる動物

この状況ですべきことと「野鴨の哲学」

▼ひとりベーシックインカム

こんな話があります。

毎年、渡り鳥の鴨がたくさん飛来してくる湖がありました。あるとき、近くに住むやさしいおじいさんが、長くてたいへんな旅を続けてきた鴨たちをいたわり、来る日も来る日もエサをたっぷりと与えていたそうです。

最初は餌付けされなかった鳥たちも、その快適な環境にすっかり慣れてしまい、渡ることを忘れてその湖でエサを食べて暮らすようになりました。

ところが、突然おじいさんが亡くなり、鴨にエサをやる人がいなくなってしまいました。するとほどなく、鴨たちは近くの山の雪どけの激流にのまれて死んでしまいました。

鴨たちは、毎日エサを与えられているうちに、自分でエサを取ることをしなくなり、太った体で飛ぶことすらもできなくなっていたのです——。

これは、デンマークの実存主義の哲学者、セーレン・キルケゴールの「野鴨の哲学」が基になっているお話で、ビジネスの場でも社員教育の機会などに引用されることがあるようです。

いま、この話が頭に浮かんだのは、おじいさんのエサをアテにし、自分でエサを探すことをせず、飛ぶためのトレーニングもしない野鴨たちが、新型ウイルスの感染者が増える中、会社のいうがままに出勤し、満員電車に揺られる人たち、つまりはじぶん経済圏を持たない人、つくろうとしない人の姿と重なってしまったからかもしれません。

じぶん経済圏を持っていないというのは、生活の基盤に大きな変化があったとき、行政に何かしてもらわないと厳しい状況に陥らざるを得ないことにつながります。

じぶん経済圏をつくるということは、ひとりベーシックインカムを実施することになります。つまり、与えられるベーシックインカムでなく、自分でベーシックインカムを築いていくということです。

今回の新型ウイルスでは、政府や行政の対応がかつてないほど注目されていますが、例えば、給付金などで東京都の財政も非常に目減りしているように、いつまでもお金がふんだんにあるわけではないのです。アテにしすぎると、すぐに足をすくわれることになります。

給付金などは、困窮した状況の中で次のことをするための一時的な足がかりにすぎないのです。次への一歩を後押しするためのもので、ずっともらえるわけではありません。

そういうことを理解したうえで、じぶん経済圏をつくることです。国の政策などは、自分でコントロールできるものではありませんから頼りになりません。

他人や行政に頼りすぎると、エサを与えられていた渡り鳥のように、災害やトラブルなどの激流にのみ込まれないとも限らないのです。

第6章 地球に生きるものすべてが経済圏をつくって生きる

——人間は楽しく生きる動物

2020年7月、コロナ禍が収まらないうちに、国内では九州を中心に、豪雨や洪水などで各地がたいへんな打撃を受けてしまいました。豪雨はその後も発生し、福島県のいわき市などでも大きな被害を受けました。

近年、地球の温暖化は世界中に異常気象をもたらし、猛暑、干ばつ、森林火災、豪雨、洪水……など、さまざまな災害が目に見えて増えています。地球になんらかの変動が起こり、そこに生きる私たちすべてが、災害のリスクと対応策の課題を突き付けられているような気がします。

負荷を与えてトレーニングをして初めて筋肉がつくように、人間は、そのような課題に向き合ってこそ成長できるのではないでしょうか。

いまは、じっと待っていれば災禍が過ぎ去るという時代状況ではありません。たとえしんどくても、何もしない、考えない、じっとしている……だけでは答えは見つからないでしょう。とにかく動くこと、変えること、そして考えることです。

今回の新型ウイルスや温暖化も、〝変わるきっかけ〟と捉えることができるでしょう。その兆しも見受けられます。

例えば、2020年の3月から6月くらいにかけて、インターネット証券の新規口座開設数が伸びました。ネット証券は2000年くらいからずっとあるにもかかわらず、ここにきて実際に取引するかはともかく、将来を考え、将来に備えて資産運用などを考えなければいけないと思った人が多いということでしょう。

これまでは、投資をしたいと思っても、口座開設などが面倒で保留にしていた。そういう人がとりあえず動き始めている。私のところへの投資の相談も増えています。

目に見えて自然災害が増え、いままで住んでいた場所も危険なエリアに変わることもあるし、災害のあるなしにかかわらず、住む場所を再検討することになるのではないでしょうか。疫病に関しても、新たなウイルスの発生を含め今後も続く可能性は高く、世界規模で働き方やライフスタイルを変えていかなければならないでしょう。

魚を与えるよりも、魚の釣り方を教える

▼房総いすみのケース

近年、畑を借りて週末の農作業、野菜づくりを楽しむ人が増えていますが、コロナ禍などの影響で、自給自足を目指そうという人も少なからずいるようです。田舎暮らしはますます人気が高まるかもしれません。一方最近では、東京を離れる人も少しずつですが増えているようです。

野菜づくりにおいても、他の人のつくるものやサービと等価交換していくことでじぶん経済圏を構築することは可能です。自給自足は、経済圏とは趣旨が少し違います。経済圏は他の人たちとのバーターというか、さまざまなモノやサービスのやり取りによって成り立つもの。〝つながり〟がとても重要です。

そういう意味では、千葉県房総のいすみ市の移住のケースは、とても参考にな

ります。若い人たちが自然豊かないすみに移住し、自分たちのやりたいことを仕事にしながら、そこに根付いていることで、2016年ごろに話題になりました。地域において持続可能性を実現する小さな経済圏のよい例かもしれません。

パンやお菓子、雑貨、アクセサリー、農作物ほかさまざまな手づくり品を売り買いするマーケットが定期的に開かれ、こだわりのカフェやレストランなどもできているとか。もともとは従来の町おこしのように若い人を呼びこむために始まったようですが、若い人たちが自分の特技や経験、こだわりを生かして、やりたいことを楽しくのびのびと活動しており、エリアに対していい影響を及ぼしているようです。もちろん、人口が少ない地域ですので、経済活動の面では厳しい部分もあると思います。慎重にプランを立てる必要があるでしょう。

いすみのケースは、顔が見えるつながりが特徴の、地域が限られた経済圏ですが、SNSを使えば、エリアを広げて国境を越えることも可能になります。

いずれにせよ、このような街づくりのような例がもっと増えていくといいですね。災害などがあった際、一時金、給付金を支給してもらって応急処置を行うだけでは、根本的な問題の解決にはなりません。持続性が重要であり、「魚を与えるよりも、魚の釣り方を教える」*15です。ずっと応急処置をしていくわけにはいかないのですから。

この本を読んでくださっている皆さんは、魚は自分で釣ろう、とにかく動こうと思っているはずです。じぶん経済圏をつくるのは、自分で魚を釣ることにほかなりません。

＊15「魚を与えるよりも、魚の釣り方を教える」――『授人以魚　不如授人以漁』という老子の格言。「人に魚を与えると1日で食べてしまう。しかし人に釣りを教えれば、生涯食べていくことができる」という意味。

人は楽しく考えて生きる動物

▼自分の価値観で楽しみを発見する

新型ウイルスも、さまざまな災害も、人々が、そして世の中が変わるきっかけとして捉えると書いてきました。変わることは、考えることです。中には、大きなダメージを被っていても「これまでどおりでいいじゃない?」と変わらず、考えずにじっと待つという人もいるかもしれません。

しかし、何も考えずに生きられる時代は、とてもラクかもしれませんが、あまり楽しくはないと思いませんか。

考えなければいけない時代は、確かにたいへんです。それは思考のわずかな更新ではなく、大きく変わるバージョンアップでなければいけないということですので。大きく変わる時代というのは、常に状況を見て判断しながら考えていかなければならず、慣れないことやわからないこと、戸惑うことだらけでたいへんです。しかしその一方で、楽しく生きていける時代かもしれないのです。

何も考えないですむ時代など、つまらないとは思いませんか？　多少面倒に感じることがあっても、考えることで世界の見方が変わって楽しくなったり、面白くなったりします。楽しく生きていくのが人間ならば、考えなければならないたいへんな時代は、楽しく生きていける時代と言い換えることもできてしまうわけです。

「早く普通の生活に戻りたい」
「あたりまえのことが、こんなに幸せだったなんて……」

コロナ禍で、こんな言葉をよく耳にしたのではないでしょうか。私自身、そう思わざるを得ないこともしばしばです。

普通に外出する、友人たちと会食する、旅行に行く、音楽、芝居、スポーツなどをライブで楽しむ、酔ってクダを巻く?!　……こんなあたりまえのことが、あたりまえにできる楽しさ、喜びをあらためて知ったことで、人々が楽しさを感じられる〝沸点〟が、ぐんと下がった気がします。

これまでは、１００度を超えないと沸騰しなかったお湯が、70度くらいで沸騰してしまうようなもので、ちょっとしたことでも楽しめるようになってきているのではないでしょうか。個々が感じる楽しさは、サイズも少し小さくなっているかもしれません。

以前は、いわゆるポピュラーミュージックのように、例えばエンタメの世界でも、メディアが先導して一般大衆が受け入れ、爆発的に曲がヒットしたり、イベントでもお祭りでも、さまざまなフェスでも、大勢の人をできるだけ集めて行われたりなど……、みんなで一緒に盛り上がらないと楽しくないようなイメージがありました。

でも、いまは〝個の時代〟ともいえます。楽しみが細分化されました。

メディアが仕掛けたヒット曲をみんなが聴くというよりは、自分の好きなアーティストを自分で探して追いかける。メディアなんかに出てこなくても、ローカルで活動していても、自分が好きで応援しているアーティストや曲を、自分なりに楽しめる。そこに喜びを見いだすことができるわけです。

個々の楽しみが細分化し、沸点が下がったというか、繊細で感受性が高まっているような気がします。これは楽しいですよ、という与えられる価値でなく、自分の価値感で楽しいことを発見して感じていくことで歩んでいく時代なのです。

オリジナリティが大切

▼楽しい時代へ向かう原動力

じぶん経済圏を構築していくと、仕掛ける側の仕組みが徐々にわかってきます。そうなると、安易に仕掛けられてしまうことはないし、自分が仕掛ける側に回ることもできるわけです。

いまはみんなと同じでなくてもいい、自分の考え方や趣味嗜好を大事にすべき時代に入っています。グローバル化の影響などにより社会の画一化が進む一方で、LGBTの活動でもわかるとおり、人との違いというものを受け入れやすい社会に少しずつ変わってきていると思います。

特にじぶん経済圏では、オリジナリティがとても重要です。そして、オリジナリティを発信したいというときに使う便利なツールもいっぱいあります。もはやできないことはないのではないかというくらいに何でもそろっています。

例えば音楽制作をしたい場合、かつてのようにパソコンやシンセサイザー、DAW（デジタル・オーディオ・ワークステーション）、インターフェイス、録音機材、マイク、スピーカー……等々を購入してシステムを構築しなくても、iPhone 1台と音楽制作アプリがあれば、手軽に音楽がつくれてしまうのです。その成果物をYouTubeやSoundCloud（個人向けの音楽共有サービス）経由ですぐに発表することも可能です。画像や映像制作でも同様でしょう。

じぶん経済圏にとって、楽しく生きる動物である人間として、非常に好ましい状況になってきているのではないでしょうか。「もっと楽しんじゃおう！」と、思いきり背中を押されているようです。

AIやロボットが人間の仕事をやってしまう時代が来ています。自動化が進めば人間の仕事は減り、必然的に、自動化できないことの価値が高まっていくはずです。そうなると、クリエイティブ、そして遊びがこれからの社会の潤滑剤、あるいは現状を打ち破る起爆剤になるでしょう。

新しい楽しみ方がどんどん生み出される時代になりました。みんなが考えるようになると、予想もしないような意外なアイデアが今後さらに登場することでしょう。災害などを含めた大きな変化があればあるほど、それがきっかけとなって、想像もつかないようなサービスや商品が開発されます。考える時代はたいへんかもしれませんが、それはやはり**楽しい時代へ向かう原動力**になる時期であると信じています。

その昔、高度経済成長のころは、「60歳までがむしゃらに働いて、その後20年は年金をもらって安定した老後を楽しむ。何も考えずに生きていけて幸せ」といったような価値感もありました。老後は年金を受け取って国に面倒を見てもらい、何もせずにのんびり過ごす生活。それが本当に幸せだったかどうかは、私にはわかりません。

考えるのはたいへんとか、面倒に感じる人もいるかもしれませんが、もし「明日から何も考えないでください」と言われたら、あなたはどうしますか。

「何も考えなくていいならラッキー！」と喜べるでしょうか？

「考えろ」or「考えるな」。この二者択一では、考えてはダメと言われるほうが、最終的には非常に苦痛を感じるはずです。考える動物である人間にとって、ずっと何も考えられないということは、多分、命に関わるくらい危険なことだと思います。

ほとんど考えることをせず、動くこともしないでいると、前述した渡り鳥のようになってしまわないとも限りません。

ゆるいつながりの中で生きる

▼搾取せずに自分ができること

いろいろなことを考えて仕掛けている側の象徴的な存在といえば、大手のグローバル企業でしょう。徹底的に思考し、どの国であっても自分たちのルールを押し出し、莫大な資金力を背景に世界規模で仕掛けていき、安い労働力をベースにして国境を越えてガッツリと収益を上げています。はたしてそのような強硬ともいえるやり方は、今後もずっと続くものでしょうか。

というのも、仕掛ける人たちは、考えに考えて仕組んでいくわけですが、いまはたいていのことが個人のレベルでも可能になってきています。会社などに所属しなくても、自分で自由に制作をして、インターネットを使ってどんどん発信し、販売していくことだってできるのです。企業のような利益優先の思考にしばられず、臨機応変に仕掛けることができるわけです。

これからは、国とか、会社とか、あるいは組織への所属といった感覚は薄まり、人々はもっとゆるいつながりの中で活動するのではないかと感じています。会社や自分が所属するもの、いわゆる他人の経済圏にしばられることなく、自分がやりたいことをやっていける。つまりは、搾取されることもなく、拘束されず、自分で自分を守っていくということになります。

それは、自分ひとりで自分を守るというより、じぶん経済圏の中で、自分がやれることは全部やる。**自分に依存する**。そして、できないことは、ほかの人にやってもらえばいい。本当はできるのに出し惜しみをしたり、だれかの働きに依存したりするというのは、自分以外の人から搾取することになってしまいます。

やれることは人それぞれでいいのですが、自分がやれることはすべて与えるというのが基本といえます。経済圏や周囲の人たちが幸せになることは、自分の幸せにもつながります。

そして、以前ならほとんどの人たちにとっては所属するだけということが多かった経済圏、それはコミュニティと言い換えてもよいのですが、それを自分でつくり、集まってきた経済圏の参加者同士がつながっていくわけです。これは第1章で触れた「循環」と「協調」にあたります。

経済圏同士が相互につながる

▼経済圏貿易

1本の柱だと倒れやすいけれど、当然ながら複数の柱で支えるほうが安定しますね。収入の柱も、人とのつながりも、1本だけでは弱いし安定しません。複数に、それも縦横にクモの巣のように広がっていけば堅ろうさが増し、それを基盤にして相乗的に面白さも大きくなります。これは必ず精神的な安心にもつながっていきます。

じぶん経済圏を進めていくと、ほかのじぶん経済圏と知り合うこともあるでしょう。今後はさまざまなジャンルのじぶん経済圏が生まれるはずです。将来的に**経済圏同士が相互につながっていく**ことも想定しておくといいでしょう。個々の経済圏という生物が、これを取り巻く環境と影響して作用し合い、うまくバランスを取って存在する生態系（エコシステム）のようなイメージでしょうか。

じぶん経済圏同士のやり取りが起きれば、それは「貿易」と呼べるでしょう。互いに足りない部分を補ったり、お客さんの紹介、情報交換、あるいはコラボレーションなどが行え、メリットが多いと思います。どのような活動でも、仲間がいれば心強いものです。

経済圏貿易では、お金を介さずに、物々交換のような方法でやり取りができるかもしれません。将来経済圏が大きくなれば、仮想通貨のようなかたちで交換するという方法もあり得ます。

経済圏をつくるのも、人と人とのつながりを広げるのもWebやSNS、動画サイトなどのツールによって格段に実現しやすくなっています。能力があれば、さまざまな分野を横断してマルチに活動することさえ可能なのです。

先ほどグローバル企業のことに少し触れましたが、そのような国家を超えるくらいのパワーのある企業が存在する一方で、個人が持つパワーも大きくなっています。フェイスブックのように、現在あれほどまでに時価総額が高くなっている企業も、元はといえば、1人の大学生がオンラインの学生名簿を立ち上げたことからスタートしているわけです。個人が秘めている能力は計り知れないものがあります。

グローバルな大手企業はずっと続くのだろうかと感じるのも、最近では、GAFA*16などに後れを取った日本の経産省がブロックチェーン*17のような次世代モデルを模索しているように、時代の流れがとても早いからです。GAFAなど、強大な力を持った企業が隆盛を誇るにしても、そのあり方は変わってくるのかもしれません。

*16 GAFA——私たちの生活やビジネスに大きな影響力を及ぼす4社の巨大IT企業Google、Apple、Facebook、Amazonの頭文字を取った略称。「ガーファ」

と読む。

＊17　ブロックチェーン——暗号技術を使ってリンクされた「ブロック」と呼ばれる取引データの単位を生成し、それらのデータを鎖（チェーン）のように連結していくことによって保管する仕組み（データベース）。「分散型台帳」とも呼ばれる。ブロックチェーンの代表的なものとしては、仮想通貨の「ビットコイン」や「イーサリアム」などが挙げられる。

巨大企業のジレンマ

▼自分以外の人たちの幸せ

私は個人のパワーや、市民の立場がもっと強くなることを望みます。深く考え続けると人は精神的に強くなるものですが、みんなが創意工夫を駆使してつながっていけば、さらに堅ろうになり、面白い状況になるのではないでしょうか。じぶん経済圏において自らの立ち位置で思考を深めていったとき、つい自分のことばかりになりがちですが、本当に信頼される地に足のついた経済圏を目指すなら、自分以外の人たちの幸せを考えなければいけないと思います。

グローバルな大手企業などの成長が長く続くのかという点に疑問を感じるのは、そこなのです。自社の利益ばかり優先していくと、最終的にはユーザーも離れていってしまうのではないかという気がします。また、第1章でお話ししたように、巨大企業による「勝者総取り」をベースにした経済はいつか破綻すると思います。企業がどんなに立派な製品やサービスをつくったとしても、ユーザーの購買力や意識が下がってしまったらそのメーカーの商品ばかりかメーカー自体も成り立ちません。

いま国内の大手企業が苦しんでいるのは、自社の利益を優先して動かなければならないということに、社員が矛盾を感じているせいなのではないのかと思います。非常に先進的な会社においては緩和されてきている感じもありますが、お客さんのための商品開発というよりは、売り上げを伸ばすための商品を無理やりつくっている、というようなことがまだまだあるのではないでしょうか。

社員は、本当はもう少しお客さん寄りの商品やサービスを開発し提供したい、お客さん優先の商売がしたいのだけれど、それをやってしまうと、なかなか会社の目標利益を達成できない。しかし、サラリーをもらっている会社が存続するためには、そこは妥協せざるを得ない、というようなジレンマを抱えているのではないかと推測しています。

だからこそ、事業を拡大し続けなければ成り立たない企業よりも、個人によるじぶん経済圏のほうが幸せになれる気がするのです。ＧＡＦＡなどの巨大ＩＴ企業や各ジャンルの大手企業はこの先も存在するかもしれませんが、そういう部分での幸せ、いわゆるウィンウィンという関係は保証されていないでしょう。

じぶん経済圏は小さいながらも、前述した循環と協調が実現されます。持続可能性という点では、非常に強いつながりが生まれるはずです。なぜなら、企業のような無理を含んだ利益優先ではなく、お客さんの幸福や安全、安心を優先する営みになるからです。売り手と買い手が互いに幸福になることを前提にしない商品やサービスが長続きすることはありません。それは、第3章で紹介したいくつかの名著にもしっかり書かれてあります。楽しむことと幸福が一体化した活動としても、じぶん経済圏は有望です。

自分の頭で考える

▼他者が幸福になれば、じぶん経済圏は持続する

高度経済成長期やバブルのころ、世の中にはイケイケの空気が漂い、人々は浮

かれていたように見えました。しかし本当は誰も純粋に楽しさを感じていなかったといえなくもないのではないでしょうか？　特に80年代のバブルのころはみんなが、「好景気や楽しさを味わっている私」という役を演じていただけだったように思います。

「日本人は自分がない」などとよく言われますが、もともとの日本人の自立心やアイデンティティは、そのバブルのころにずい分そぎ落とされ、近年では「忖度《そんたく》」や「自己責任」などという言葉も現れました。そのような流れもあって、他人経済圏に行かなければ生きていけないと思い込むようになってしまいました。それがもう何十年も続いています。

そんな中、自然災害や原発事故、それに今回の新型コロナウイルスのまん延などもふまえて、それはやっぱり違うのではないか？　という意識が芽生えているような気がします。いろいろな災害や困難に直面し、目覚めた意識が少しずつチューニングされながら本来あるべき方向に向かっていくのかもしれません。

いま、じぶん経済圏をつくろうとしているあなたにとって、「自分」とはいったい何なのでしょうか？　自分がもつポテンシャルを発揮して、どんな経済圏をつくれると考えていますか。

これからは、自分ならではの〝楽しい・楽しくないセンサー〟を立て、相手も自分も幸福になる思考で歩んでいかないと、うまくいくはずのものもいかなくなります。また、自分がしっかりした立ち位置を確保しなければ他者に幸福を与えることはできません。そして、**他者が幸福になればこそ、じぶん経済圏は持続する**のです。そのような循環が見えれば、お客さんたちがいわゆるリピーターになってくれるでしょう。

独自性が重視される時代になりました。いろいろな場面であなた自身のオリジナリティを出していく必要に迫られます。考えてみれば、いまはそれほど不幸な時代ではありません。ある面では非常に恵まれています。じぶん経済圏をつくりあげるためのツールや素材、ヒントをいくらでも手に入れることができ、ネットを通して賛同者を得ることが可能だからです。

そしてあなたが本気を出せば出すほど、本来持っているポテンシャルを引き出せば引き出すほど、あなたの経済圏に来る人は増えます。だれかへの忖度なしで、急がずに自分の頭でしっかり考え、試しながら、あなたならではの持ち味を発揮した経済圏をぜひつくり上げてください。成功を祈ります。

第6章

地球に生きるものすべてが経済圏をつくって生きる

――人間は楽しく生きる動物

おわりに

「自由」を得るということ

――じぶん経済圏の最終目的とは？

本書の初めにお伝えしたとおり、じぶん経済圏をつくる第一の目的は、お金の不安を解消することにあります。生活を維持継続するためのベースとなるお金を安定的に手にできるか、できないか。この部分の不安定さを抱えたままで生きるのは、精神的にも肉体的にもつらいものがあります。

すでに周知の事実になっていますが、大手企業で働いていれば安泰という時代は終わりました。

お金を得るために会社で働くことは間違いではありませんが、それだけではないはずです。だれかがつくった仕組みの一部で仕事をすることだけではなく、実はすでにさまざまな選択肢が用意されているのです。私はそれに気づいてほしいと思っています。

副業が認められる時代になりましたが、それでも多くの人は他人の経済圏で仕事を続けていることが多いようです。2つ、3つ掛け持ちしたとしても、他人に依存したかたちではいつまでも不安は払しょくできないでしょう。

自分がやりたいことを自分の力で実現して仕事にし、自分に依存する。すでにお伝えしたように、そのためのツールは十分にそろっています。

少なくもなく、多くもない3万円という収入。この3万円という安定した種火をもつことで不安を解消していき、じぶん時間を取り戻すことこそが本書が示すプランです。

自分の時間ができるというのは、すなわち、じぶん経済圏によって「自由」を得るということにつながります。3万円という種火を基にさらに収入を増やしたり、コミュニティを広げたり、あるいはさらにじぶん時間を確保していく。そういうさまざまな可能性、あなたが本来持つべき、持っていて当然である「自由」を手に入れることが最終目的なのです。

私はこのプランと考え方を、この変革の時代を生きるためのマニュアルとして、多くの人に提案したいと考えています。

田口智隆

田口智隆（たぐち ともたか）

株式会社ファイナンシャルインディペンデンス　代表取締役
28歳のときに自己破産寸前まで膨らんだ借金を徹底した節約と資産運用によりわずか2年で完済。その後は「収入の複線化」「コア・サテライト投資」で資産を拡大。34歳のときにお金に不自由しない状態「お金のストレスフリー」を実現し、2007年に株式会社ファイナンシャルインディペンデンスを設立する。
2009年には、実体験に基づくノウハウをまとめた処女作『28歳貯金ゼロから考えるお金のこと』を出版。5万部を超えるベストセラーとなり一躍注目を集め、同年から日本各地でスタートした「学校では教えてくれないお金の授業」の講演回数はこれまでに1000回以上となり、受講者は延べ5万人を超える。
著作は上記のほか、『お金の不安が消えるノート』（フォレスト出版）、『入社1年目のお金の教科書』（きずな出版）など44冊を刊行、お金の本のベストセラー作家。

田口智隆のLINE公式アカウント

じぶん経《けい》済《ざい》圏《けん》

2021年2月10日 初版第1刷

著者／田《た》口《ぐち》智《とも》隆《たか》
発行人／松崎義行
発行／みらいパブリッシング
〒166-0003 東京都杉並区高円寺南4-26-12 福丸ビル6F
TEL 03-5913-8611　FAX 03-5913-8011
https://miraipub.jp　E-mail:info@miraipub.jp
企画協力／Jディスカヴァー
編集／吉田孝之
編集協力／鈴木洋子
イラスト／光波
ブックデザイン／則武弥（ペーパーバック）
発売／星雲社（共同出版社・流通責任出版社）
〒112-0005 東京都文京区水道1-3-30
TEL 03-3868-3275　FAX 03-3868-6588
印刷・製本／株式会社上野印刷所

ISBN978-4-434-28462-5 C0033